SÉRVIO
VOCABULÁRIO

PORTUGUÊS BRASILEIRO

PORTUGUÊS SÉRVIO

Para alargar o seu léxico e apurar
as suas competências linguísticas

5000 palavras

Vocabulário Português Brasileiro-Sérvio - 5000 palavras

Por Andrey Taranov

Os vocabulários da T&P Books destinam-se a ajudar a aprender, a memorizar, e a rever palavras estrangeiras. O dicionário é dividido em temas, cobrindo todas as principais esferas de atividades quotidianas, negócios, ciência, cultura, etc.

O processo de aprendizagem, utilizando os dicionários baseados em temáticas da T&P Books dá-lhe as seguintes vantagens:

- Informação de origem corretamente agrupada predetermina o sucesso em fases subsequentes da memorização de palavras
- Disponibilização de palavras derivadas da mesma raiz, o que permite a memorização de unidades de texto (em vez de palavras separadas)
- Pequenas unidades de palavras facilitam o processo de estabelecimento de vínculos associativos necessários para a consolidação do vocabulário
- O nível de conhecimento da língua pode ser estimado pelo número de palavras aprendidas

T&P Books Publishing
www.tpbooks.com

ISBN: 978-1-78767-387-8

Este livro também está disponível em formato E-book.
Por favor visite www.tpbooks.com ou as principais livrarias on-line.

VOCABULÁRIO SÉRVIO
palavras mais úteis

Os vocabulários da T&P Books destinam-se a ajudar a aprender, a memorizar, e a rever palavras estrangeiras. O vocabulário contém mais de 5000 palavras de uso comum organizadas tematicamente.

O vocabulário contém as palavras mais comummente usadas

Recomendado como adicional para qualquer curso de línguas

Satisfaz as necessidades dos iniciados e dos alunos avançados de línguas estrangeiras

Conveniente para o uso diário, sessões de revisão e atividades de auto-teste

Permite avaliar o seu vocabulário

Características especias do vocabulário

* As palavras estão organizadas de acordo com o seu significado, e não por ordem alfabética
* As palavras são apresentadas em três colunas para facilitar os processos de revisão e auto-teste
* As palavras compostas são divididas em pequenos blocos para facilitar o processo de aprendizagem
* O vocabulário oferece uma transcrição simples e adequada de cada palavra estrangeira

O vocabulário contém 155 tópicos incluindo:

Conceitos básicos, Números, Cores, Meses, Estações do ano, Unidades de medida, Roupas & Acessórios, Alimentos & Nutrição, Restaurante, Membros da Família, Parentes, Caráter, Sentimentos, Emoções, Doenças, Cidade, Passeios, Compras, Dinheiro, Casa, Lar, Escritório, Trabalho no Escritório, Importação & Exportação, Marketing, Pesquisa de Emprego, Esportes, Educação, Computador, Internet, Ferramentas, Natureza, Países, Nacionalidades e muito mais ...

TABELA DE CONTEÚDOS

GUIA DE PRONUNCIAÇÃO

Letra	Exemplo Sérvio	Alfabeto fonético T&P	Exemplo Português
A a	авлија	[a]	chamar
E e	ексер	[e]	metal
И и	излаз	[i]	sinônimo
O o	очи	[o]	lobo
У у	ученик	[u]	bonita

Consoantes

Б б	брег	[b]	barril
В в	вода	[ʋ]	fava
Г г	глава	[g]	gosto
Д д	дим	[d]	dentista
Ђ ђ	ђак	[dʑ]	tajique
Ж ж	жица	[ʒ]	talvez
З з	зец	[z]	sésamo
Ј ј	мој	[j]	Vietnã
К к	киша	[k]	aquilo
Л л	лептир	[l]	libra
Љ љ	љиљан	[ʎ]	barulho
М м	мајка	[m]	magnólia
Н н	нос	[n]	natureza
Њ њ	књига	[ɲ]	ninhada
П п	праг	[p]	presente
Р р	рука	[r]	riscar
С с	слово	[s]	sanita
Т т	тело	[t]	tulipa
Ћ ћ	ћуран	[tɕ]	tchetcheno
Ф ф	фењер	[f]	safári
Х х	хлеб	[h]	[h] aspirada
Ц ц	цео	[ts]	tsé-tsé
Ч ч	чизме	[ʧ]	Tchau!
Џ џ	џбун	[dʒ]	adjetivo
Ш ш	шах	[ʃ]	mês

ABREVIATURAS
usadas no vocabulário

Abreviaturas do Português

adj	-	adjetivo
adv	-	advérbio
anim.	-	animado
conj.	-	conjunção
desp.	-	esporte
etc.	-	Etcetera
ex.	-	por exemplo
f	-	nome feminino
f pl	-	feminino plural
fem.	-	feminino
inanim.	-	inanimado
m	-	nome masculino
m pl	-	masculino plural
m, f	-	masculino, feminino
masc.	-	masculino
mat.	-	matemática
mil.	-	militar
pl	-	plural
prep.	-	preposição
pron.	-	pronome
sb.	-	sobre
sing.	-	singular
v aux	-	verbo auxiliar
vi	-	verbo intransitivo
vi, vt	-	verbo intransitivo, transitivo
vr	-	verbo reflexivo
vt	-	verbo transitivo

Abreviaturas do Sérvio

ж	-	nome feminino
ж мн	-	feminino plural
м	-	nome masculino
м мн	-	masculino plural
м, ж	-	masculino, feminino
мн	-	plural
нг	-	verbo intransitivo
нг, пг	-	verbo intransitivo, transitivo

пг	-	verbo transitivo
с	-	neutro
с мн	-	neutro plural

CONCEITOS BÁSICOS

Conceitos básicos. Parte 1

1. Pronomes

eu	ja	ja
você	ти	ti
ele	он	on
ela	она	óna
ele, ela (neutro)	оно	óno
nós	ми	mi
vocês	ви	vi
eles	они	óni
elas	оне	óne

2. Cumprimentos. Saudações. Despedidas

Oi!	Здраво!	Zdrávo!
Olá!	Добар дан!	Dóbar dan!
Bom dia!	Добро јутро!	Dóbro jútro!
Boa tarde!	Добар дан!	Dóbar dan!
Boa noite!	Добро вече!	Dóbro véče!
cumprimentar (vt)	поздрављати (nr)	pózdravljati
Oi!	Здраво!	Zdrávo!
saudação (f)	поздрав (м)	pózdrav
saudar (vt)	поздрављати (nr)	pózdravljati
Como você está?	Како сте?	Káko ste?
Como vai?	Како си?	Káko si?
E aí, novidades?	Шта је ново?	Šta je nóvo?
Tchau!	Довиђења!	Doviđénja!
Até logo!	Здраво!	Zdrávo!
Até breve!	Видимо се ускоро!	Vídimo se úskoro!
Adeus!	Збогом!	Zbógom!
despedir-se (dizer adeus)	опраштати се	opráštati se
Até mais!	Ћао! Здраво!	Ćáo! Zdrávo!
Obrigado! -a!	Хвала!	Hvála!
Muito obrigado! -a!	Хвала лепо!	Hvála lépo!
De nada	Изволите	Izvólite
Não tem de quê	Нема на чему!	Néma na čému!
Não foi nada!	Нема на чему	Néma na čému
Desculpa!	Извини!	Izvíni!

Desculpe!	Извините!	Izvínite!
desculpar (vt)	извињавати (nr)	izvinjávati

desculpar-se (vr)	извињавати се	izvinjávati se
Me desculpe	Извињавам се	Izvinjávam se
Desculpe!	Извините!	Izvínite!
perdoar (vt)	опраштати (nr)	opráštati
Não faz mal	Ништа страшно!	Níšta strášno!
por favor	молим	mólim

Não se esqueça!	Не заборавите!	Ne zabóravite!
Com certeza!	Наравно!	Náravno!
Claro que não!	Наравно да не!	Náravno da ne!
Está bem! De acordo!	Слажем се!	Slážem se!
Chega!	Доста!	Dósta!

3. Como se dirigir a alguém

Desculpe ...	Извините, ...	Izvínite, ...
senhor	господине	gospódine
senhora	госпођо	góspođo
senhorita	госпођице	góspođice
jovem	младићу	mládiću
menino	дечко	déčko
menina	девојчица	devójčica

4. Números cardinais. Parte 1

zero	нула (ж)	núla
um	један	jédan
dois	два	dva
três	три	tri
quatro	четири	čétiri

cinco	пет	pet
seis	шест	šest
sete	седам	sédam
oito	осам	ósam
nove	девет	dévet

dez	десет	déset
onze	једанаест	jedánaest
doze	дванаест	dvánaest
treze	тринаест	trínaest
catorze	четрнаест	četŕnaest

quinze	петнаест	pétnaest
dezesseis	шеснаест	šésnaest
dezessete	седамнаест	sedámnaest
dezoito	осамнаест	osámnaest
dezenove	деветнаест	devétnaest
vinte	двадесет	dvádeset

vinte e um	двадесет и један	dvádeset i jédan
vinte e dois	двадесет и два	dvádeset i dva
vinte e três	двадесет и три	dvádeset i tri
trinta	тридесет	trídeset
trinta e um	тридесет и један	trídeset i jédan
trinta e dois	тридесет и два	trídeset i dva
trinta e três	тридесет и три	trideset i tri
quarenta	четрдесет	četrdéset
quarenta e um	четрдесет и један	četrdéset i jédan
quarenta e dois	четрдесет и два	četrdéset i dva
quarenta e três	четрдесет и три	četrdéset i tri
cinquenta	педесет	pedéset
cinquenta e um	педесет и један	pedéset i jédan
cinquenta e dois	педесет и два	pedéset i dva
cinquenta e três	педесет и три	pedéset i tri
sessenta	шездесет	šezdéset
sessenta e um	шездесет и један	šezdéset i jédan
sessenta e dois	шездесет и два	šezdéset i dva
sessenta e três	шездесет и три	šezdéset i tri
setenta	седамдесет	sedamdéset
setenta e um	седамдесет и један	sedamdéset i jédan
setenta e dois	седамдесет и два	sedamdéset i dva
setenta e três	седамдесет и три	sedamdéset i tri
oitenta	осамдесет	osamdéset
oitenta e um	осамдесет и један	osamdéset i jédan
oitenta e dois	осамдесет и два	osamdéset i dva
oitenta e três	осамдесет и три	osamdéset i tri
noventa	деведесет	devedéset
noventa e um	деведесет и један	devedéset i jédan
noventa e dois	деведесет и два	devedéset i dva
noventa e três	деведесет и три	devedéset i tri

5. Números cardinais. Parte 2

cem	сто	sto
duzentos	двеста	dvésta
trezentos	триста	trísta
quatrocentos	четиристо	čétiristo
quinhentos	петсто	pétsto
seiscentos	шестсто	šéststo
setecentos	седамсто	sédamsto
oitocentos	осамсто	ósamsto
novecentos	деветсто	dévetsto
mil	хиљада (ж)	híljada
dois mil	две хиљаде	dve híljade

três mil	три хиљаде	tri híljade
dez mil	десет хиљада	déset híljada
cem mil	сто хиљада	sto híljada
um milhão	милион (м)	milíon
um bilhão	милијарда (ж)	milíjarda

6. Números ordinais

primeiro (adj)	први	pŕvi
segundo (adj)	други	drúgi
terceiro (adj)	трећи	tréći
quarto (adj)	четврти	čétvrti
quinto (adj)	пети	péti
sexto (adj)	шести	šésti
sétimo (adj)	седми	sédmi
oitavo (adj)	осми	ósmi
nono (adj)	девети	déveti
décimo (adj)	десети	déseti

7. Números. Frações

fração (f)	разломак (м)	rázlomak
um meio	једна половина	jédna pólovina
um terço	једна трећина (ж)	jédna trećína
um quarto	једна четвртина	jédna čétvrtina
um oitavo	једна осмина (ж)	jédna osmína
um décimo	једна десетина	jédna désetina
dois terços	две трећине	dve trećíne
três quartos	три четвртине	tri četvŕtine

8. Números. Operações básicas

subtração (f)	одузимање (с)	oduzímanje
subtrair (vi, vt)	одузимати (пг)	odúzimati
divisão (f)	дељење (с)	déljenje
dividir (vt)	делити (пг)	déliti
adição (f)	сабирање (с)	sabíranje
somar (vt)	сабрати (пг)	sábrati
adicionar (vt)	сабирати (пг)	sábirati
multiplicação (f)	множење (с)	mnóženje
multiplicar (vt)	множити (пг)	mnóžiti

9. Números. Diversos

algarismo, dígito (m)	цифра (ж)	cífra
número (m)	број (м)	broj

numeral (m)	број (м)	broj
menos (m)	минус (м)	mínus
mais (m)	плус (м)	plus
fórmula (f)	формула (ж)	fórmula

cálculo (m)	израчунавање (с)	izračunávanje
contar (vt)	бројати (нг)	brójati
calcular (vt)	бројати (нг)	brójati
comparar (vt)	упоређивати (нг)	upoređívati

Quanto, -os, -as?	Колико?	Kolíko?
soma (f)	збир (м)	zbir
resultado (m)	резултат (м)	rezúltat
resto (m)	остатак (м)	ostátak

alguns, algumas ...	неколико	nékoliko
pouco (~ tempo)	мало	málo
resto (m)	остало (с)	óstalo
um e meio	један и по	jédan i po
dúzia (f)	туце (с)	túce

ao meio	напола	nápola
em partes iguais	на равне делове	na rávne délove
metade (f)	половина (ж)	polóvina
vez (f)	пут (м)	put

10. Os verbos mais importantes. Parte 1

abrir (vt)	отварати (нг)	otvárati
acabar, terminar (vt)	завршавати (нг)	završávati
aconselhar (vt)	саветовати (нг)	sávetovati
adivinhar (vt)	погодити (нг)	pogóditi
advertir (vt)	упозоравати (нг)	upozorávati

ajudar (vt)	помагати (нг)	pomágati
almoçar (vi)	ручати (нг)	rúčati
alugar (~ um apartamento)	изнајмити (нг)	iznájmiti
amar (pessoa)	волети (нг)	vóleti
ameaçar (vt)	претити (нг)	prétiti

anotar (escrever)	записивати (нг)	zapisívati
apressar-se (vr)	журити се	žúriti se
arrepender-se (vr)	жалити (нг)	žáliti
assinar (vt)	потписивати (нг)	potpisívati
brincar (vi)	шалити се	šáliti se

brincar, jogar (vi, vt)	играти (нг)	ígrati
buscar (vt)	тражити (нг)	trážiti
caçar (vi)	ловити (нг)	lóviti
cair (vi)	падати (нг)	pádati
cavar (vt)	копати (нг)	kópati
chamar (~ por socorro)	звати (нг)	zváti
chegar (vi)	стизати (нг)	stízati
chorar (vi)	плакати (нг)	plákati

começar (vt)	почињати (нг, пг)	póčinjati
comparar (vt)	упоређивати (пг)	upoređívati
concordar (dizer "sim")	слагати се	slágati se

confiar (vt)	веровати (пг)	vérovati
confundir (equivocar-se)	бркати (пг)	bŕkati
conhecer (vt)	знати (пг)	znáti
contar (fazer contas)	рачунати (пг)	račúnati
contar com …	рачунати на …	račúnati na …
continuar (vt)	настављати (пг)	nástavljati

controlar (vt)	контролисати (пг)	kontrólisati
convidar (vt)	позивати (пг)	pozívati
correr (vi)	трчати (нг)	tŕčati
criar (vt)	створити (пг)	stvóriti
custar (vt)	коштати (нг)	kóštati

11. Os verbos mais importantes. Parte 2

dar (vt)	давати (пг)	dávati
dar uma dica	дати миг	dáti mig
decorar (enfeitar)	украшавати (пг)	ukrašávati
defender (vt)	штитити (пг)	štítiti
deixar cair (vt)	испуштати (пг)	ispúštati

descer (para baixo)	спуштати се	spúštati se
desculpar (vt)	извињавати (пг)	izvinjávati
desculpar-se (vr)	извињавати се	izvinjávati se
dirigir (~ uma empresa)	руководити (пг)	rukovóditi
discutir (notícias, etc.)	расправљати (пг)	ráspravljati

disparar, atirar (vi)	пуцати (нг)	púcati
dizer (vt)	рећи (пг)	réći
duvidar (vt)	сумњати (нг)	súmnjati
encontrar (achar)	наћи (пг)	náći
enganar (vt)	обмањивати (пг)	obmanjívati

entender (vt)	разумевати (пг)	razumévati
entrar (na sala, etc.)	ући, улазити (нг)	úći, úlaziti
enviar (uma carta)	слати (пг)	sláti
errar (enganar-se)	грешити (нг)	gréšiti
escolher (vt)	бирати (пг)	bírati

esconder (vt)	крити (пг)	kríti
escrever (vt)	писати (пг)	písati
esperar (aguardar)	чекати (нг, пг)	čékati
esperar (ter esperança)	надати се	nádati se
esquecer (vt)	заборављати (нг, пг)	zabóravljati

estudar (vt)	студирати (пг)	studírati
exigir (vt)	захтевати, тражити	zahtévati, trážiti
existir (vi)	постојати (нг)	póstojati
explicar (vt)	објашњавати (пг)	objašnjávati
falar (vi)	говорити (нг)	govóriti

17

faltar (a la escuela, etc.)	пропуштати (пг)	propúštati
fazer (vt)	радити (пг)	ráditi
ficar em silêncio	ћутати (нг)	ćútati
gabar-se (vr)	хвалисати се	hválisati se
gostar (apreciar)	свиђати се	svíđati se
gritar (vi)	викати (нг)	víkati
guardar (fotos, etc.)	чувати (пг)	čúvati
informar (vt)	информисати (пг)	infórmisati
insistir (vi)	инсистирати (нг)	insistírati
insultar (vt)	вређати (пг)	vréđati
interessar-se (vr)	интересовати се	ínteresovati se
ir (a pé)	ићи (нг)	íći
ir nadar	купати се	kúpati se
jantar (vi)	вечерати (нг)	véčerati

12. Os verbos mais importantes. Parte 3

ler (vt)	читати (нг, пг)	čítati
libertar, liberar (vt)	ослобађати (пг)	oslobáđati
matar (vt)	убијати (нг)	ubíjati
mencionar (vt)	спомињати (пг)	spóminjati
mostrar (vt)	показивати (пг)	pokazívati
mudar (modificar)	променити (пг)	proméniti
nadar (vi)	пливати (нг)	plívati
negar-se a ... (vr)	одбијати се	odbíjati se
objetar (vt)	приговарати (нг)	prigovárati
observar (vt)	посматрати (нг)	posmátrati
ordenar (mil.)	наређивати (пг)	naređívati
ouvir (vt)	чути (нг, пг)	čúti
pagar (vt)	платити (нг, пг)	plátiti
parar (vi)	заустављати се	zaústavljati se
parar, cessar (vt)	прекидати (пг)	prekídati
participar (vi)	учествовати (нг)	účestvovati
pedir (comida, etc.)	наручивати (пг)	naručívati
pedir (um favor, etc.)	молити (пг)	móliti
pegar (tomar)	узети (пг)	úzeti
pegar (uma bola)	ловити (пг)	lóviti
pensar (vi, vt)	мислити (нг)	mísliti
perceber (ver)	запажати (пг)	zapážati
perdoar (vt)	опраштати (пг)	opráštati
perguntar (vt)	питати (пг)	pítati
permitir (vt)	дозвољавати (нг, пг)	dozvoljávati
pertencer a ... (vi)	припадати (нг)	prípadati
planejar (vt)	планирати (пг)	planírati
poder (~ fazer algo)	моћи (нг)	móći
possuir (uma casa, etc.)	поседовати (пг)	pósedovati
preferir (vt)	преферирати (пг)	preferírati

preparar (vt)	кувати (nr)	kúvati
prever (vt)	предвиђати (nr)	predvíđati
prometer (vt)	обећати (nr)	obéćati
pronunciar (vt)	изговарати (nr)	izgovárati

propor (vt)	предлагати (nr)	predlágati
punir (castigar)	кажњавати (nr)	kažnjávati
quebrar (vt)	ломити (nr)	lómiti
queixar-se de ...	жалити се	žáliti se
querer (desejar)	хтети (nr)	htéti

13. Os verbos mais importantes. Parte 4

ralhar, repreender (vt)	грдити (nr)	gŕditi
recomendar (vt)	препоручивати (nr)	preporučívati
repetir (dizer outra vez)	понављати (nr)	ponávljati
reservar (~ um quarto)	резервисати (nr)	rezervísati
responder (vt)	одговарати (нг, nr)	odgovárati

rezar, orar (vi)	молити се	móliti se
rir (vi)	смејати се	sméjati se
roubar (vt)	красти (nr)	krásti
saber (vt)	знати (nr)	znáti
sair (~ de casa)	изаћи (нг)	ízaći

salvar (resgatar)	спасавати (nr)	spasávati
seguir (~ alguém)	пратити (nr)	prátiti
sentar-se (vr)	седати (нг)	sédati
ser necessário	бити потребан	bíti pótreban

ser, estar	бити (нг, nr)	bíti
significar (vt)	значити (нг)	znáčiti
sorrir (vi)	осмехивати се	osmehívati se

| subestimar (vt) | подцењивати (nr) | podcenjívati |
| surpreender-se (vr) | чудити се | čúditi se |

tentar (~ fazer)	пробати (нг)	próbati
ter (vt)	имати (nr)	ímati
ter fome	бити гладан	bíti gládan

ter medo	плашити се	plášiti se
ter sede	бити жедан	bíti žédan
tocar (com as mãos)	дирати (nr)	dírati
tomar café da manhã	доручковати (нг)	dóručkovati

| trabalhar (vi) | радити (нг) | ráditi |
| traduzir (vt) | преводити (nr) | prevóditi |

unir (vt)	уједињавати (nr)	ujedinjávati
vender (vt)	продавати (nr)	prodávati
ver (vt)	видети (nr)	vídeti
virar (~ para a direita)	скретати (нг)	skrétati
voar (vi)	летети (нг)	léteti

14. Cores

cor (f)	боја (ж)	bója
tom (m)	нијанса (ж)	nijánsa
tonalidade (m)	тон (м)	ton
arco-íris (m)	дуга (ж)	dúga
branco (adj)	бео	béo
preto (adj)	црн	cŕn
cinza (adj)	сив	siv
verde (adj)	зелен	zélen
amarelo (adj)	жут	žut
vermelho (adj)	црвен	cŕven
azul (adj)	плав	plav
azul claro (adj)	светло плав	svétlo plav
rosa (adj)	ружичаст	rúžičast
laranja (adj)	наранџаст	nárandžast
violeta (adj)	љубичаст	ljúbičast
marrom (adj)	браон	bráon
dourado (adj)	златан	zlátan
prateado (adj)	сребрнаст	srébrnast
bege (adj)	беж	bež
creme (adj)	боје крем	bóje krem
turquesa (adj)	тиркизан	tírkizan
vermelho cereja (adj)	боје вишње	bóje víšnje
lilás (adj)	лила	líla
carmim (adj)	боје малине	bóje máline
claro (adj)	светао	svétao
escuro (adj)	таман	táman
vivo (adj)	јарки	járki
de cor	обојен	óbojen
a cores	у боји	u bóji
preto e branco (adj)	црно-бели	cŕno-béli
unicolor (de uma só cor)	једнобојан	jédnobojan
multicolor (adj)	разнобојан	ráznobojan

15. Questões

Quem?	Ко?	Ko?
O que?	Шта?	Šta?
Onde?	Где?	Gde?
Para onde?	Куда?	Kúda?
De onde?	Одакле? Откуд?	Ódakle? Ótkud?
Quando?	Када?	Káda?
Para quê?	Зашто?	Zášto?
Por quê?	Зашто?	Zášto?
Para quê?	За шта? Због чега?	Zá šta? Zbog čéga?

Como?	Како?	Káko?
Qual (~ é o problema?)	Какав?	Kákav?
Qual (~ deles?)	Који?	Kóji?

A quem?	Коме?	Kóme?
De quem?	О коме?	O kóme?
Do quê?	О чему?	O čému?
Com quem?	Са ким?	Sa kim?

Quanto, -os, -as?	Колико?	Kolíko?
De quem? (masc.)	Чији?	Číji?
De quem? (fem.)	Чија?	Číja?
De quem são ...?	Чије?	Číje?

16. Preposições

com (prep.)	с, са	s, sa
sem (prep.)	без	bez
a, para (exprime lugar)	у	u
sobre (ex. falar ~)	о	o
antes de ...	пре	pre
em frente de ...	испред	íspred

debaixo de ...	испод	íspod
sobre (em cima de)	изнад	íznad
em ..., sobre ...	на	na
de, do (sou ~ Rio de Janeiro)	из	iz
de (feito ~ pedra)	од	od

em (~ 3 dias)	за	za
por cima de ...	преко	préko

17. Palavras funcionais. Advérbios. Parte 1

Onde?	Где?	Gde?
aqui	овде	óvde
lá, ali	тамо	támo

em algum lugar	негде	négde
em lugar nenhum	нигде	nígde

perto de ...	код	kod
perto da janela	поред прозора	póred prózora

Para onde?	Куда?	Kúda?
aqui	овамо	óvamo
para lá	тамо	támo
daqui	одавде	ódavde
de lá, dali	одадне	ódande

perto	близу	blízu
longe	далеко	daléko

perto de ...	близу, у близини	blízu, u blizíni
à mão, perto	у близини	u blízini
não fica longe	недалеко	nédaleko
esquerdo (adj)	леви	lévi
à esquerda	слева	sléva
para a esquerda	лево	lévo
direito (adj)	десни	désni
à direita	десно	désno
para a direita	десно	désno
em frente	спреда	spréda
da frente	предњи	prédnji
adiante (para a frente)	напред	nápred
atrás de ...	иза	íza
de trás	отпозади	otpozádi
para trás	назад, унатраг	názad, unátrag
meio (m), metade (f)	средина (ж)	sredína
no meio	у средини	u sredíni
do lado	са стране	sa stráne
em todo lugar	свуда	svúda
por todos os lados	око	óko
de dentro	изнутра	iznútra
para algum lugar	некуда	nékuda
diretamente	право	právo
de volta	назад	názad
de algum lugar	однекуд	ódnekud
de algum lugar	однекуд	ódnekud
em primeiro lugar	прво	pȑvo
em segundo lugar	друго	drúgo
em terceiro lugar	треће	tréće
de repente	изненада	íznenada
no início	у почетку	u počétku
pela primeira vez	први пут	pȑvi put
muito antes de ...	много пре ...	mnógo pre ...
de novo	поново	pónovo
para sempre	заувек	záuvek
nunca	никад	níkad
de novo	опет	ópet
agora	сада	sáda
frequentemente	често	čésto
então	тада	táda
urgentemente	хитно	hítno
normalmente	обично	óbično
a propósito, ...	узгред, ...	úzgred, ...
é possível	могуће	móguće

provavelmente	вероватно	vérovatno
talvez	можда	móžda
além disso, …	осим тога …	ósim tóga …
por isso …	дакле …, због тога …	dákle …, zbog toga …
apesar de …	без обзира на …	bez óbzira na …
graças a …	захваљујући …	zahváljujući …

que (pron.)	шта	šta
que (conj.)	да	da
algo	нешто	néšto
alguma coisa	нешто	néšto
nada	ништа	níšta

quem	ко	ko
alguém (~ que …)	неко	néko
alguém (com ~)	неко	néko

ninguém	нико	níko
para lugar nenhum	никуд	níkud
de ninguém	ничији	níčiji
de alguém	нечији	néčiji

tão	тако	táko
também (gostaria ~ de …)	такође	takóđe
também (~ eu)	такође	takóđe

18. Palavras funcionais. Advérbios. Parte 2

Por quê?	Зашто?	Zášto?
por alguma razão	из неког разлога	iz nékog rázloga
porque …	јер …, зато што …	jer …, záto što …
por qualquer razão	из неког разлога	iz nékog rázloga

e (tu ~ eu)	и	i
ou (ser ~ não ser)	или	íli
mas (porém)	али	áli
para (~ a minha mãe)	за	za

muito, demais	сувише, превише	súviše, préviše
só, somente	само	sámo
exatamente	тачно	táčno
cerca de (~ 10 kg)	око	óko

aproximadamente	приближно	príbližno
aproximado (adj)	приближан	príbližan
quase	скоро	skóro
resto (m)	остало (c)	óstalo

o outro (segundo)	други	drúgi
outro (adj)	други	drúgi
cada (adj)	свак	svak
qualquer (adj)	било који	bílo kóji
muito, muitos, muitas	много	mnógo
muitas pessoas	многи	mnógi

todos	сви	svi
em troca de …	у замену за …	u zámenu za …
em troca	у замену	u zámenu
à mão	ручно	rúčno
pouco provável	тешко да, једва да	téško da, jédva da
provavelmente	вероватно	vérovatno
de propósito	намерно	námerno
por acidente	случајно	slúčajno
muito	врло	vŕlo
por exemplo	на пример	na prímer
entre	између	ízmeđu
entre (no meio de)	међу	méđu
tanto	толико	tolíko
especialmente	нарочито	nároč̌ito

Conceitos básicos. Parte 2

19. Dias da semana

segunda-feira (f)	понедељак (м)	ponédeljak
terça-feira (f)	уторак (м)	útorak
quarta-feira (f)	среда (ж)	sréda
quinta-feira (f)	четвртак (м)	četvŕtak
sexta-feira (f)	петак (м)	pétak
sábado (m)	субота (ж)	súbota
domingo (m)	недеља (ж)	nédelja
hoje	данас	dánas
amanhã	сутра	sútra
depois de amanhã	прекосутра	prékosutra
ontem	jуче	júče
anteontem	прекјуче	prékjuče
dia (m)	дан (м)	dan
dia (m) de trabalho	радни дан (м)	rádni dan
feriado (m)	празничан дан (м)	prázničan dan
dia (m) de folga	слободан дан (м)	slóbodan dan
fim (m) de semana	викенд (м)	víkend
o dia todo	цео дан	céo dan
no dia seguinte	следећег дана, сутра	slédećeg dána, sútra
há dois dias	пре два дана	pre dva dána
na véspera	уочи	úoči
diário (adj)	свакодневан	svákodnevan
todos os dias	свакодневно	svákodnevno
semana (f)	недеља (ж)	nédelja
na semana passada	прошле недеље	próšle nédelje
semana que vem	следеће недеље	slédeće nédelje
semanal (adj)	недељни	nédeljni
toda semana	недељно	nédeljno
duas vezes por semana	два пута недељно	dva púta nédeljno
toda terça-feira	сваког уторка	svákog útorka

20. Horas. Dia e noite

manhã (f)	jутро (c)	jútro
de manhã	yjутру	újutru
meio-dia (m)	подне (c)	pódne
à tarde	поподне	popódne
tardinha (f)	вече (c)	véče
à tardinha	увече	úveče

noite (f)	ноћ (ж)	noć
à noite	ноћу	nóću
meia-noite (f)	поноћ (ж)	pónoć

segundo (m)	секунд (м)	sékund
minuto (m)	минут (ж)	mínut
hora (f)	сат (м)	sat
meia hora (f)	пола сата	póla sáta
quarto (m) de hora	четврт сата	čétvrt sáta
quinze minutos	петнаест минута	pétnaest minúta
vinte e quatro horas	двадесет четири сата	dvádeset četiri sáta

nascer (m) do sol	излазак (м) сунца	ízlazak súnca
amanhecer (m)	свануће (с)	svanúće
madrugada (f)	рано јутро (с)	ráno jútro
pôr-do-sol (m)	залазак (м) сунца	zálazak súnca

de madrugada	рано ујутру	ráno újutru
esta manhã	јутрос	jútros
amanhã de manhã	сутра ујутру	sútra újutru

esta tarde	овог поподнева	óvog popódneva
à tarde	поподне	popódne
amanhã à tarde	сутра поподне	sútra popódne

| esta noite, hoje à noite | вечерас | večéras |
| amanhã à noite | сутра увече | sútra úveče |

às três horas em ponto	тачно у три сата	táčno u tri sáta
por volta das quatro	око четири сата	óko četiri sáta
às doze	до дванаест сати	do dvánaest sáti

em vinte minutos	за двадесет минута	za dvádeset minúta
em uma hora	за сат времена	za sat vrémena
a tempo	навреме	návreme

... um quarto para	четвртина до	četvŕtina do
dentro de uma hora	за сат времена	za sat vrémena
a cada quinze minutos	сваких петнаест минута	svákih pétnaest minúta
as vinte e quatro horas	дан и ноћ	dan i noć

21. Meses. Estações

janeiro (m)	јануар (м)	jánuar
fevereiro (m)	фебруар (м)	fébruar
março (m)	март (м)	mart
abril (m)	април (м)	ápril
maio (m)	мај (м)	maj
junho (m)	јун, јуни (м)	jun, júni

julho (m)	јули (м)	júli
agosto (m)	август (м)	ávgust
setembro (m)	септембар (м)	séptembar
outubro (m)	октобар (м)	óktobar

novembro (m)	новембар (м)	nóvembar
dezembro (m)	децембар (м)	décembar

primavera (f)	пролеће (c)	próleće
na primavera	у пролеће	u próleće
primaveril (adj)	пролећни	prólećni

verão (m)	лето (c)	léto
no verão	лети	léti
de verão	летни	létni

outono (m)	јесен (ж)	jésen
no outono	у јесен	u jésen
outonal (adj)	јесењи	jésenji

inverno (m)	зима (ж)	zíma
no inverno	зими	zími
de inverno	зимски	zímski

mês (m)	месец (м)	mésec
este mês	овог месеца	óvog méseca
mês que vem	следећег месеца	slédećeg méseca
no mês passado	прошлог месеца	próšlog méseca

um mês atrás	пре месец дана	pre mésec dána
em um mês	за месец дана	za mésec dána
em dois meses	за два месеца	za dva méséca
todo o mês	цео месец	céo mésec
um mês inteiro	цео месец	céo mésec

mensal (adj)	месечни	mésečni
mensalmente	месечно	mésečno
todo mês	сваког месеца	svákog méseca
duas vezes por mês	два пута месечно	dva púta mésečno

ano (m)	година (ж)	gódina
este ano	ове године	óve gódine
ano que vem	следеће године	slédeće gódine
no ano passado	прошла година	próšla gódina

há um ano	пре годину дана	pre gódinu dána
em um ano	за годину дана	za gódinu dána
dentro de dois anos	за две године	za dve gódine
todo o ano	цела година	céla gódina
um ano inteiro	цела година	céla gódina

cada ano	сваке године	sváke gódine
anual (adj)	годишњи	gódišnji
anualmente	годишње	gódišnje
quatro vezes por ano	четири пута годишње	čétiri púta gódišnje

data (~ de hoje)	датум (м)	dátum
data (ex. ~ de nascimento)	датум (м)	dátum
calendário (m)	календар (м)	kaléndar
meio ano	пола године	póla gódine
seis meses	полугодиште (c)	polugódište

| estação (f) | сезона (ж) | sezóna |
| século (m) | век (м) | vek |

22. Unidades de medida

peso (m)	тежина (ж)	težína
comprimento (m)	дужина (ж)	dužína
largura (f)	ширина (ж)	širína
altura (f)	висина (ж)	visína
profundidade (f)	дубина (ж)	dubína
volume (m)	запремина (ж)	zápremina
área (f)	површина (ж)	póvršina

grama (m)	грам (м)	gram
miligrama (m)	милиграм (м)	míligram
quilograma (m)	килограм (м)	kílogram
tonelada (f)	тона (ж)	tóna
libra (453,6 gramas)	фунта (ж)	fúnta
onça (f)	унца (ж)	únca

metro (m)	метар (м)	métar
milímetro (m)	милиметар (м)	mílimetar
centímetro (m)	сантиметар (м)	santimétar
quilômetro (m)	километар (м)	kílometar
milha (f)	миља (ж)	mílja

polegada (f)	палац (м)	pálac
pé (304,74 mm)	стопа (ж)	stópa
jarda (914,383 mm)	јард (м)	jard

| metro (m) quadrado | квадратни метар (м) | kvádratni métar |
| hectare (m) | хектар (м) | héktar |

litro (m)	литар (м)	lítar
grau (m)	степен (м)	stépen
volt (m)	волт (м)	volt
ampère (m)	ампер (м)	ámper
cavalo (m) de potência	коњска снага (ж)	kónjska snága

quantidade (f)	количина (ж)	količína
um pouco de …	мало …	málo …
metade (f)	половина (ж)	polóvina

| dúzia (f) | туце (с) | túce |
| peça (f) | комад (м) | kómad |

| tamanho (m), dimensão (f) | величина (ж) | velíčina |
| escala (f) | размер (м) | rázmer |

mínimo (adj)	минималан	mínimalan
menor, mais pequeno	најмањи	nájmanji
médio (adj)	средњи	srédnji
máximo (adj)	максималан	máksimalan
maior, mais grande	највећи	nájveći

23. Recipientes

pote (m) de vidro	тегла (ж)	tégla
lata (~ de cerveja)	лименка (ж)	límenka
balde (m)	ведро (с)	védro
barril (m)	буре (с)	búre
bacia (~ de plástico)	лавор (м)	lávor
tanque (m)	резервоар (м)	rezervóar
cantil (m) de bolso	чутурица (ж)	čúturica
galão (m) de gasolina	канта (ж) за гориво	kánta za górivo
cisterna (f)	цистерна (ж)	cistérna
caneca (f)	кригла (ж)	krígla
xícara (f)	шоља (ж)	šólja
pires (m)	тацна (ж)	tácna
copo (m)	чаша (ж)	čáša
taça (f) de vinho	чаша (ж) за вино	čáša za víno
panela (f)	шерпа (ж), лонац (м)	šerpa, lónac
garrafa (f)	боца, флаша (ж)	bóca, fláša
gargalo (m)	врат (м)	vrat
jarra (f)	бокал (м)	bókal
jarro (m)	крчаг (м)	kŕčag
recipiente (m)	суд (м)	sud
pote (m)	лонац (м)	lónac
vaso (m)	ваза (ж)	váza
frasco (~ de perfume)	боца (ж)	bóca
frasquinho (m)	бочица (ж)	bóčica
tubo (m)	туба (ж)	túba
saco (ex. ~ de açúcar)	џак (м)	džak
sacola (~ plastica)	кеса (ж)	késa
maço (de cigarros, etc.)	паковање (с)	pákovanje
caixa (~ de sapatos, etc.)	кутија (ж)	kútija
caixote (~ de madeira)	сандук (м)	sánduk
cesto (m)	корпа (ж)	kórpa

O SER HUMANO

O ser humano. O corpo

24. Cabeça

cabeça (f)	глава (ж)	gláva
rosto, cara (f)	лице (с)	líce
nariz (m)	нос (м)	nos
boca (f)	уста (мн)	ústa
olho (m)	око (с)	óko
olhos (m pl)	очи (мн)	óči
pupila (f)	зеница (ж)	zénica
sobrancelha (f)	обрва (ж)	óbrva
cílio (f)	трепавица (ж)	trépavica
pálpebra (f)	капак (м), веђа (ж)	kápak, véđa
língua (f)	језик (м)	jézik
dente (m)	зуб (м)	zub
lábios (m pl)	усне (мн)	úsne
maçãs (f pl) do rosto	јагодице (мн)	jágodice
gengiva (f)	десни (мн)	désni
palato (m)	непце (с)	népce
narinas (f pl)	ноздрве (мн)	nózdrve
queixo (m)	брада (ж)	bráda
mandíbula (f)	вилица (ж)	vílica
bochecha (f)	образ (м)	óbraz
testa (f)	чело (с)	čélo
têmpora (f)	слепоочница (ж)	slepoóčnica
orelha (f)	ухо (с)	úho
costas (f pl) da cabeça	потиљак (м)	pótiljak
pescoço (m)	врат (м)	vrat
garganta (f)	грло (с)	gŕlo
cabelo (m)	коса (ж)	kósa
penteado (m)	фризура (ж)	frizúra
corte (m) de cabelo	фризура (ж)	frizúra
peruca (f)	перика (ж)	périka
bigode (m)	бркови (мн)	bŕkovi
barba (f)	брада (ж)	bráda
ter (~ barba, etc.)	носити (пг)	nósiti
trança (f)	плетеница (ж)	pleténica
suíças (f pl)	зулуфи (мн)	zulúfi
ruivo (adj)	риђ	riđ
grisalho (adj)	сед	sed

careca (adj)	ћелав	ćélav
calva (f)	ћела (ж)	ćéla

rabo-de-cavalo (m)	реп (м)	rep
franja (f)	шишке (мн)	šíške

25. Corpo humano

mão (f)	шака (ж)	šáka
braço (m)	рука (ж)	rúka

dedo (m)	прст (м)	pŕst
dedo (m) do pé	ножни прст (м)	nóžni pŕst
polegar (m)	палац (м)	pálac
dedo (m) mindinho	мали прст (м)	máli pŕst
unha (f)	нокат (м)	nókat

punho (m)	песница (ж)	pésnica
palma (f)	длан (м)	dlan
pulso (m)	зглоб (м), запешће (с)	zglob, zápešće
antebraço (m)	подлактица (ж)	pódlaktica
cotovelo (m)	лакат (м)	lákat
ombro (m)	раме (с)	ráme

perna (f)	нога (ж)	nóga
pé (m)	стопало (с)	stópalo
joelho (m)	колено (с)	kóleno
panturrilha (f)	лист (м)	list
quadril (m)	кук (м)	kuk
calcanhar (m)	пета (ж)	péta

corpo (m)	тело (с)	télo
barriga (f), ventre (m)	трбух (м)	tŕbuh
peito (m)	прса (мн)	pŕsa
seio (m)	груди (мн)	grúdi
lado (m)	бок (м)	bok
costas (dorso)	леђа (мн)	léđa
região (f) lombar	крста (ж)	kŕsta
cintura (f)	струк (м)	struk

umbigo (m)	пупак (м)	púpak
nádegas (f pl)	стражњица (ж)	strážnjica
traseiro (m)	задњица (ж)	zádnjica

sinal (m), pinta (f)	младеж (м)	mládež
sinal (m) de nascença	белег, младеж (м)	béleg, mládež
tatuagem (f)	тетоважа (ж)	tetováža
cicatriz (f)	ожиљак (м)	óžiljak

Vestuário & Acessórios

26. Roupa exterior. Casacos

roupa (f)	одећа (ж)	ódeća
roupa (f) exterior	горња одећа (ж)	górnja ódeća
roupa (f) de inverno	зимска одећа (ж)	zímska ódeća
sobretudo (m)	капут (м)	káput
casaco (m) de pele	бунда (ж)	búnda
jaqueta (f) de pele	кратка бунда (ж)	krátka búnda
casaco (m) acolchoado	перјана јакна (ж)	pérjana jákna
casaco (m), jaqueta (f)	јакна (ж)	jákna
impermeável (m)	кишни мантил (м)	kíšni mántil
a prova d'água	водоотпоран	vodoótporan

27. Vestuário de homem & mulher

camisa (f)	кошуља (ж)	kóšulja
calça (f)	панталоне (мн)	pantalóne
jeans (m)	фармерке (мн)	fármerke
paletó, terno (m)	сако (м)	sáko
terno (m)	одело (с)	odélo
vestido (ex. ~ de noiva)	хаљина (ж)	háljina
saia (f)	сукња (ж)	súknja
blusa (f)	блуза (ж)	blúza
casaco (m) de malha	џемпер (м)	džémper
casaco, blazer (m)	жакет (м)	žáket
camiseta (f)	мајица (ж)	májica
short (m)	шорц, шортс (м)	šorc, šorts
training (m)	спортски костим (м)	spórtski kóstim
roupão (m) de banho	баде мантил (м)	báde mántil
pijama (m)	пиџама (ж)	pidžáma
suéter (m)	џемпер (м)	džémper
pulôver (m)	пуловер (м)	pulóver
colete (m)	прслук (м)	pŕsluk
fraque (m)	фрак (м)	frak
smoking (m)	смокинг (м)	smóking
uniforme (m)	униформа (ж)	úniforma
roupa (f) de trabalho	радна одећа (ж)	rádna ódeća
macacão (m)	комбинезон (м)	kombinézon
jaleco (m), bata (f)	мантил (м)	mántil

28. Vestuário. Roupa interior

roupa (f) íntima	доње рубље (c)	dónje rúblje
cueca boxer (f)	мушке гаће (мн)	múške gáće
calcinha (f)	гаћице (мн)	gáćice
camiseta (f)	мајица (ж)	májica
meias (f pl)	чарапе (мн)	čárape
camisola (f)	спаваћица (ж)	spaváćica
sutiã (m)	грудњак (м)	grúdnjak
meias longas (f pl)	доколенице (мн)	dokolénice
meias-calças (f pl)	хулахопке (мн)	húlahopke
meias (~ de nylon)	чарапе (мн)	čárape
maiô (m)	купаћи костим (м)	kúpaći kóstim

29. Adereços de cabeça

chapéu (m), touca (f)	капа (ж)	kápa
chapéu (m) de feltro	шешир (м)	šéšir
boné (m) de beisebol	бејзбол качкет (м)	béjzbol káčket
boina (~ italiana)	енглеска капа (ж), качкет (м)	éngleska kápa, káčket
boina (ex. ~ basca)	берета, беретка (ж)	beréta, beretka
capuz (m)	капуљача (ж)	kapúljača
chapéu panamá (m)	панама-шешир (м)	panáma-šéšir
touca (f)	плетена капа (ж)	plétena kápa
lenço (m)	марама (ж)	márama
chapéu (m) feminino	женски шешир (м)	žénski šéšir
capacete (m) de proteção	кацига (ж), шлем (м)	káciga, šlem
bibico (m)	титовка (ж)	títovka
capacete (m)	шлем (м)	šlem
chapéu-coco (m)	полуцилиндар (м)	pólucilindar
cartola (f)	цилиндар (м)	cilíndar

30. Calçado

calçado (m)	обућа (ж)	óbuća
botinas (f pl), sapatos (m pl)	ципеле (мн)	cípele
sapatos (de salto alto, etc.)	ципеле (мн)	cípele
botas (f pl)	чизме (мн)	čízme
pantufas (f pl)	папуче (мн)	pápuče
tênis (~ Nike, etc.)	патике (мн)	pátike
tênis (~ Converse)	патике (мн)	pátike
sandálias (f pl)	сандале (мн)	sandále
sapateiro (m)	обућар (м)	óbućar
salto (m)	потпетица (ж)	pótpetica

par (m)	пар (м)	par
cadarço (m)	пертла (ж)	pértla
amarrar os cadarços	шнирати (пг)	šnírati
calçadeira (f)	кашика (ж) за ципеле	kášika za cípele
graxa (f) para calçado	крема (ж) за обућу	kréma za óbuću

31. Acessórios pessoais

luva (f)	рукавице (мн)	rukávice
mitenes (f pl)	рукавице (мн) с једним прстом	rukávice s jednim prstom
cachecol (m)	шал (м)	šal
óculos (m pl)	наочаре (мн)	náočare
armação (f)	оквир (м)	ókvir
guarda-chuva (m)	кишобран (м)	kíšobran
bengala (f)	штап (м)	štap
escova (f) para o cabelo	четка (ж) за косу	čétka za kósu
leque (m)	лепеза (ж)	lepéza
gravata (f)	кравата (ж)	kraváta
gravata-borboleta (f)	лептир машна (ж)	léptir mášna
suspensórios (m pl)	трегери (мн)	trégeri
lenço (m)	џепна марамица (ж)	džépna máramica
pente (m)	чешаљ (м)	čéšalj
fivela (f) para cabelo	шнала (ж)	šnála
grampo (m)	укосница (ж)	úkosnica
fivela (f)	копча (ж)	kópča
cinto (m)	каиш (м)	káiš
alça (f) de ombro	каиш (м)	káiš
bolsa (f)	торба (ж)	tórba
bolsa (feminina)	ташна (ж)	tášna
mochila (f)	ранац (м)	ránac

32. Vestuário. Diversos

moda (f)	мода (ж)	móda
na moda (adj)	модеран	móderan
estilista (m)	модни креатор (м)	módni kreátor
colarinho (m)	оврატник (м)	óvratnik
bolso (m)	џеп (м)	džep
de bolso	џепни	džépni
manga (f)	рукав (м)	rúkav
ganchinho (m)	вешалица (ж)	véšalica
bragueta (f)	шлиц (м)	šlic
zíper (m)	рајсфершлус (м)	rájsferšlus
colchete (m)	копча (ж)	kópča

botão (m)	дугме (c)	dúgme
botoeira (casa de botão)	рупица (ж)	rúpica
soltar-se (vr)	откинути се	ótkinuti se

costurar (vi)	шити (нг, пг)	šíti
bordar (vt)	вести (нг, пг)	vésti
bordado (m)	вез (м)	vez
agulha (f)	игла (ж)	ígla
fio, linha (f)	конац (м)	kónac
costura (f)	шав (м)	šav

sujar-se (vr)	испрљати се	ispŕljati se
mancha (f)	мрља (ж)	mŕlja
amarrotar-se (vr)	изгужвати се	izgúžvati se
rasgar (vt)	цепати (пг)	cépati
traça (f)	мољац (м)	móljac

33. Cuidados pessoais. Cosméticos

pasta (f) de dente	паста (ж) за зубе	pásta za zúbe
escova (f) de dente	четкица (ж) за зубе	čétkica za zúbe
escovar os dentes	прати зубе	práti zúbe

gilete (f)	бријач (м)	bríjač
creme (m) de barbear	крема (ж) за бријање	kréma za bríjanje
barbear-se (vr)	бријати се	bríjati se

| sabonete (m) | сапун (м) | sápun |
| xampu (m) | шампон (м) | šámpon |

tesoura (f)	маказе (мн)	mákaze
lixa (f) de unhas	турпија (ж) за нокте	túrpija za nokte
corta-unhas (m)	грицкалица (ж) за нокте	gríckalica za nókte
pinça (f)	пинцета (ж)	pincéta

cosméticos (m pl)	козметика (ж)	kozmétika
máscara (f)	маска (ж)	máska
manicure (f)	маникир (м)	mánikir
fazer as unhas	радити маникир	ráditi mánikir
pedicure (f)	педикир (м)	pédikir

bolsa (f) de maquiagem	козметичка торбица (ж)	kozmétička tórbica
pó (de arroz)	пудер (м)	púder
pó (m) compacto	пудријера (ж)	pudrijéra
blush (m)	руменило (c)	ruménilo

perfume (m)	парфем (м)	párfem
água-de-colônia (f)	тоалетна вода (ж)	tóaletna vóda
loção (f)	лосион (м)	lósion
colônia (f)	колоњска вода (ж)	kólonjska vóda

sombra (f) de olhos	сенка (ж) за очи	sénka za óči
delineador (m)	оловка (ж) за очи	ólovka za óči
máscara (f), rímel (m)	маскара (ж)	máskara

batom (m)	кармин (м)	kármin
esmalte (m)	лак (м) за нокте	lak za nókte
laquê (m), spray fixador (m)	лак (м) за косу	lak za kósu
desodorante (m)	дезодоранс (м)	dezodórans

creme (m)	крема (ж)	kréma
creme (m) de rosto	крема (ж) за лице	kréma za líce
creme (m) de mãos	крема (ж) за руке	kréma za rúke
creme (m) antirrugas	крема (ж) против бора	kréma prótiv bóra
creme (m) de dia	дневна крема (ж)	dnévna kréma
creme (m) de noite	ноћна крема (ж)	nóćna kréma
de dia	дневни	dnévni
da noite	ноћни	nóćni

absorvente (m) interno	тампон (м)	támpon
papel (m) higiênico	тоалет-папир (м)	toálet-pápir
secador (m) de cabelo	фен (м)	fen

34. Relógios de pulso. Relógios

relógio (m) de pulso	сат (м)	sat
mostrador (m)	бројчаник (м)	brojčánik
ponteiro (m)	казаљка (ж)	kázaljka
bracelete (em aço)	наруквица (ж)	nárukvica
bracelete (em couro)	каиш (м) за сат	káiš za sat

pilha (f)	батерија (ж)	báterija
acabar (vi)	испразнити се	isprázniti se
trocar a pilha	заменити батерију	zaméniti batériju
estar adiantado	журити (нг)	žúriti
estar atrasado	заостајати (нг)	zaóstajati

relógio (m) de parede	зидни сат (м)	zídni sat
ampulheta (f)	пешчани сат (м)	péščani sat
relógio (m) de sol	сунчани сат (м)	súnčani sat
despertador (m)	будилник (м)	búdilnik
relojoeiro (m)	часовничар (м)	čásovničar
reparar (vt)	поправљати (пг)	pópravljati

Alimentação. Nutrição

35. Comida

carne (f)	месо (c)	méso
galinha (f)	пилетина, кокош (ж)	píletina, kokoš
frango (m)	пиле (c)	píle
pato (m)	патка (ж)	pátka
ganso (m)	гуска (ж)	gúska
caça (f)	дивљач (ж)	dívljač
peru (m)	ћуретина (ж)	ćurétina
carne (f) de porco	свињетина (ж)	svínjetina
carne (f) de vitela	телетина (ж)	téletina
carne (f) de carneiro	јагњетина (ж)	jágnjetina
carne (f) de vaca	говедина (ж)	góvedina
carne (f) de coelho	зец (м)	zec
linguiça (f), salsichão (m)	кобасица (ж)	kobásica
salsicha (f)	виршла (ж)	víršla
bacon (m)	сланина (ж)	slánina
presunto (m)	шунка (ж)	šúnka
pernil (m) de porco	шунка (ж)	šúnka
patê (m)	паштета (ж)	paštéta
fígado (m)	џигерица (ж)	džígerica
guisado (m)	млевено месо (c)	mléveno méso
língua (f)	језик (м)	jézik
ovo (m)	јаје (c)	jáje
ovos (m pl)	јаја (мн)	jája
clara (f) de ovo	беланце (c)	belánce
gema (f) de ovo	жуманце (c)	žumánce
peixe (m)	риба (ж)	ríba
mariscos (m pl)	морски плодови (мн)	mórski plódovi
crustáceos (m pl)	ракови (мн)	rákovi
caviar (m)	кавијар (м)	kávijar
caranguejo (m)	краба (ж)	krába
camarão (m)	шкамп (м)	škamp
ostra (f)	острига (ж)	óstriga
lagosta (f)	јастог (м)	jástog
polvo (m)	хоботница (ж)	hóbotnica
lula (f)	лигња (ж)	lígnja
esturjão (m)	јесетра (ж)	jésetra
salmão (m)	лосос (м)	lósos
halibute (m)	пацифички лист (м)	pacífički list
bacalhau (m)	бакалар (м)	bakálar

cavala, sarda (f)	скуша (ж)	skúša
atum (m)	туњевина (ж)	túnjevina
enguia (f)	јегуља (ж)	jégulja
truta (f)	пастрмка (ж)	pástrmka
sardinha (f)	сардина (ж)	sardína
lúcio (m)	штука (ж)	štúka
arenque (m)	харинга (ж)	háringa
pão (m)	хлеб (м)	hleb
queijo (m)	сир (м)	sir
açúcar (m)	шећер (м)	šéćer
sal (m)	со (ж)	so
arroz (m)	пиринач (м)	pírinač
massas (f pl)	макарони (мн)	mákaroni
talharim, miojo (m)	резанци (мн)	rezánci
manteiga (f)	маслац (м)	máslac
óleo (m) vegetal	зејтин (м)	zéjtin
óleo (m) de girassol	сунцокретово уље (с)	súncokretovo úlje
margarina (f)	маргарин (м)	margárin
azeitonas (f pl)	маслине (мн)	másline
azeite (m)	маслиново уље (с)	máslinovo úlje
leite (m)	млеко (с)	mléko
leite (m) condensado	кондензовано млеко (с)	kondenzóvano mléko
iogurte (m)	јогурт (м)	jógurt
creme (m) azedo	кисела павлака (ж)	kísela pávlaka
creme (m) de leite	павлака (ж)	pávlaka
maionese (f)	мајонез (м), мајонеза (ж)	majonéz, majonéza
creme (m)	крем (м)	krem
grãos (m pl) de cereais	житарице (мн)	žitárice
farinha (f)	брашно (с)	brášno
enlatados (m pl)	конзерве (мн)	konzérve
flocos (m pl) de milho	кукурузне пахуљице (мн)	kukúruzne pahúljice
mel (m)	мед (м)	med
geleia (m)	џем (м), мармелада (ж)	džem, marmeláda
chiclete (m)	гума (ж) за жвакање	gúma za žvákanje

36. Bebidas

água (f)	вода (ж)	vóda
água (f) potável	питка вода (ж)	pítka vóda
água (f) mineral	кисела вода (ж)	kísela vóda
sem gás (adj)	негазиран	negazíran
gaseificada (adj)	газиран	gazíran
com gás	газиран	gazíran
gelo (m)	лед (м)	led

com gelo	са ледом	sa lédom
não alcoólico (adj)	безалкохолан	bézalkoholan
refrigerante (m)	безалкохолно пиће (с)	bézalkoholno píće
refresco (m)	освежавајући напитак (м)	osvežávajući nápitak
limonada (f)	лимунада (ж)	limunáda
bebidas (f pl) alcoólicas	алкохолна пића (мн)	álkoholna píća
vinho (m)	вино (с)	víno
vinho (m) branco	бело вино (с)	bélo víno
vinho (m) tinto	црно вино (с)	cŕno víno
licor (m)	ликер (м)	líker
champanhe (m)	шампањац (м)	šampánjac
vermute (m)	вермут (м)	vérmut
uísque (m)	виски (м)	víski
vodca (f)	вотка (ж)	vótka
gim (m)	џин (м)	džin
conhaque (m)	коњак (м)	kónjak
rum (m)	рум (м)	rum
café (m)	кафа (ж)	káfa
café (m) preto	црна кафа (ж)	cŕna káfa
café (m) com leite	кафа (ж) са млеком	káfa sa mlékom
cappuccino (m)	капучино (м)	kapučíno
café (m) solúvel	инстант кафа (ж)	ínstant káfa
leite (m)	млеко (с)	mléko
coquetel (m)	коктел (м)	kóktel
batida (f), milkshake (m)	милкшејк (м)	mílkšejk
suco (m)	сок (м)	sok
suco (m) de tomate	сок (м) од парадајза	sok od parádajza
suco (m) de laranja	сок (м) од наранџе	sok od nárandže
suco (m) fresco	свеже цеђени сок (м)	svéže céđeni sok
cerveja (f)	пиво (с)	pívo
cerveja (f) clara	светло пиво (с)	svétlo pívo
cerveja (f) preta	тамно пиво (с)	támno pívo
chá (m)	чај (м)	čaj
chá (m) preto	црни чај (м)	cŕni čaj
chá (m) verde	зелени чај (м)	zéleni čaj

37. Vegetais

vegetais (m pl)	поврће (с)	póvrće
verdura (f)	зелен (ж)	zélen
tomate (m)	парадајз (м)	parádajz
pepino (m)	краставац (м)	krástavac
cenoura (f)	шаргарепа (ж)	šargarépa
batata (f)	кромпир (м)	krómpir
cebola (f)	црни лук (м)	cŕni luk

alho (m)	бели лук (м)	béli luk
couve (f)	купус (м)	kúpus
couve-flor (f)	карфиол (м)	karfíol
couve-de-bruxelas (f)	прокељ (м)	prókelj
brócolis (m pl)	брокуле (мн)	brókule
beterraba (f)	цвекла (ж)	cvékla
berinjela (f)	патлицан (м)	patlidžán
abobrinha (f)	тиквица (ж)	tíkvica
abóbora (f)	тиква (ж)	tíkva
nabo (m)	репа (ж)	répa
salsa (f)	першун (м)	péršun
endro, aneto (m)	мироћија (ж)	miróđija
alface (f)	зелена салата (ж)	zélena saláta
aipo (m)	целер (м)	céler
aspargo (m)	шпаргла (ж)	špárgla
espinafre (m)	спанаћ (м)	spánać
ervilha (f)	грашак (м)	grášak
feijão (~ soja, etc.)	махунарке (мн)	mahúnarke
milho (m)	кукуруз (м)	kukúruz
feijão (m) roxo	пасуљ (м)	pásulj
pimentão (m)	паприка (ж)	páprika
rabanete (m)	ротквица (ж)	rótkvica
alcachofra (f)	артичока (ж)	artičóka

38. Frutos. Nozes

fruta (f)	воће (с)	vóće
maçã (f)	јабука (ж)	jábuka
pera (f)	крушка (ж)	krúška
limão (m)	лимун (м)	límun
laranja (f)	наранца (ж)	nárandža
morango (m)	јагода (ж)	jágoda
tangerina (f)	мандарина (ж)	mandarína
ameixa (f)	шљива (ж)	šljíva
pêssego (m)	бресква (ж)	bréskva
damasco (m)	кајсија (ж)	kájsija
framboesa (f)	малина (ж)	málina
abacaxi (m)	ананас (м)	ánanas
banana (f)	банана (ж)	banána
melancia (f)	лубеница (ж)	lubénica
uva (f)	грожђе (с)	gróžđe
ginja (f)	вишња (ж)	víšnja
cereja (f)	трешња (ж)	tréšnja
melão (m)	диња (ж)	dínja
toranja (f)	грејпфрут (м)	gréjpfrut
abacate (m)	авокадо (м)	avokádo
mamão (m)	папаја (ж)	papája

manga (f)	манго (м)	mángo
romã (f)	нар (м)	nar

groselha (f) vermelha	црвена рибизла (ж)	crvéna ríbizla
groselha (f) negra	црна рибизла (ж)	cŕna ríbizla
groselha (f) espinhosa	огрозд (м)	ógrozd
mirtilo (m)	боровница (ж)	boróvnica
amora (f) silvestre	купина (ж)	kupína

passa (f)	суво грожђе (с)	súvo gróžđe
figo (m)	смоква (ж)	smókva
tâmara (f)	урма (ж)	úrma

amendoim (m)	кикирики (м)	kikiríki
amêndoa (f)	бадем (м)	bádem
noz (f)	орах (м)	órah
avelã (f)	лешник (м)	léšnik
coco (m)	кокосов орах (м)	kókosov órah
pistaches (m pl)	пистаћи (мн)	pistáći

39. Pão. Bolaria

pastelaria (f)	посластице (мн)	póslastice
pão (m)	хлеб (м)	hleb
biscoito (m), bolacha (f)	колачић (м)	koláćić

chocolate (m)	чоколада (ж)	čokoláda
de chocolate	чоколадни	čókoladni
bala (f)	бомбона (ж)	bombóna
doce (bolo pequeno)	колач (м)	kólač
bolo (m) de aniversário	торта (ж)	tórta

torta (f)	пита (ж)	píta
recheio (m)	надев (м)	nádev

geleia (m)	слатко (с)	slátko
marmelada (f)	мармелада (ж)	marmeláda
wafers (m pl)	облатне (мн)	óblatne
sorvete (m)	сладолед (м)	sládoled
pudim (m)	пудинг (м)	púding

40. Pratos cozinhados

prato (m)	јело (с)	jélo
cozinha (~ portuguesa)	кухиња (ж)	kúhinja
receita (f)	рецепт (м)	récept
porção (f)	порција (ж)	pórcija

salada (f)	салата (ж)	saláta
sopa (f)	супа (ж)	súpa
caldo (m)	буљон (м)	búljon
sanduíche (m)	сендвич (м)	séndvič

ovos (m pl) fritos	пржена jaja (мн)	pŕžena jája
hambúrguer (m)	хамбургер (м)	hámburger
bife (m)	бифтек (м)	bíftek
acompanhamento (m)	прилог (м)	prílog
espaguete (m)	шпагете (мн)	špagéte
purê (m) de batata	кромпир пире (м)	krómpir píre
pizza (f)	пица (ж)	píca
mingau (m)	каша (ж)	káša
omelete (f)	омлет (м)	ómlet
fervido (adj)	кувани	kúvani
defumado (adj)	димљени	dímljeni
frito (adj)	пржени	pŕženi
seco (adj)	сув	suv
congelado (adj)	замрзнут	zámrznut
em conserva (adj)	маринирани	marinírani
doce (adj)	сладак	sládak
salgado (adj)	слан	slan
frio (adj)	хладан	hládan
quente (adj)	вруħ	vruć
amargo (adj)	горак	górak
gostoso (adj)	укусан	úkusan
cozinhar em água fervente	барити (пг)	báriti
preparar (vt)	кувати (пг)	kúvati
fritar (vt)	пржити (пг)	pŕžiti
aquecer (vt)	подгревати (пг)	podgrévati
salgar (vt)	солити (пг)	sóliti
apimentar (vt)	биберити (пг)	bíberiti
ralar (vt)	рендати (пг)	réndati
casca (f)	кора (ж)	kóra
descascar (vt)	љуштити (пг)	ljúštiti

41. Especiarias

sal (m)	со (ж)	so
salgado (adj)	слан	slan
salgar (vt)	солити (пг)	sóliti
pimenta-do-reino (f)	црни бибер (м)	cŕni bíber
pimenta (f) vermelha	црвени бибер (м)	cŕveni bíber
mostarda (f)	сенф (м)	senf
raiz-forte (f)	рен, хрен (м)	ren, hren
condimento (m)	зачин (м)	záčin
especiaria (f)	зачин (м)	záčin
molho (~ inglês)	сос (м)	sos
vinagre (m)	сирħе (с)	sírće
anis estrelado (m)	анис (м)	ánis
manjericão (m)	босиљак (м)	bósiljak

cravo (m)	каранфил (м)	karánfil
gengibre (m)	ђумбир (м)	đúmbir
coentro (m)	коријандер (м)	korijánder
canela (f)	цимет (м)	címet

gergelim (m)	сусам (м)	súsam
folha (f) de louro	ловор (м)	lóvor
páprica (f)	паприка (ж)	páprika
cominho (m)	ким (м)	kim
açafrão (m)	шафран (м)	šáfran

42. Refeições

| comida (f) | храна (ж) | hrána |
| comer (vt) | јести (нг, пг) | jésti |

café (m) da manhã	доручак (м)	dóručak
tomar café da manhã	доручковати (нг)	dóručkovati
almoço (m)	ручак (м)	rúčak
almoçar (vi)	ручати (нг)	rúčati
jantar (m)	вечера (ж)	véčera
jantar (vi)	вечерати (нг)	véčerati

| apetite (m) | апетит (м) | apétit |
| Bom apetite! | Пријатно! | Príjatno! |

abrir (~ uma lata, etc.)	отварати (пг)	otvárati
derramar (~ líquido)	пролити (пг)	próliti
derramar-se (vr)	пролити се	próliti se

ferver (vi)	кључати (нг)	kljúčati
ferver (vt)	кључати (пг)	kljúčati
fervido (adj)	кувани	kúvani

| esfriar (vt) | охладити (пг) | ohláditi |
| esfriar-se (vr) | охлађивати се | ohlađívati se |

| sabor, gosto (m) | укус (м) | úkus |
| fim (m) de boca | укус (м) | úkus |

emagrecer (vi)	смршати (нг)	smŕšati
dieta (f)	дијета (ж)	dijéta
vitamina (f)	витамин (м)	vitámin
caloria (f)	калорија (ж)	kalórija

| vegetariano (m) | вегетаријанац (м) | vegetarijánac |
| vegetariano (adj) | вегетаријански | vegetaríjanski |

gorduras (f pl)	масти (мн)	másti
proteínas (f pl)	беланчевине (мн)	belánčevine
carboidratos (m pl)	угљени хидрати (мн)	úgljeni hidráti
fatia (~ de limão, etc.)	парче (с)	párče
pedaço (~ de bolo)	комад (м)	kómad
migalha (f), farelo (m)	мрва (ж)	mŕva

43. Por a mesa

colher (f)	кашика (ж)	kášika
faca (f)	нож (м)	nož
garfo (m)	виљушка (ж)	víljuška
xícara (f)	шоља (ж)	šólja
prato (m)	тањир (м)	tánjir
pires (m)	тацна (ж)	tácna
guardanapo (m)	салвета (ж)	salvéta
palito (m)	чачкалица (ж)	čáčkalica

44. Restaurante

restaurante (m)	ресторан (м)	restóran
cafeteria (f)	кафић (м), кафана (ж)	káfić, kafána
bar (m), cervejaria (f)	бар (м)	bar
salão (m) de chá	чајџиница (ж)	čájdžinica
garçom (m)	конобар (м)	kónobar
garçonete (f)	конобарица (ж)	konobárica
barman (m)	бармен (м)	bármen
cardápio (m)	јеловник (м)	jélovnik
lista (f) de vinhos	винска карта (ж)	vínska kárta
reservar uma mesa	резервисати сто	rezervísati sto
prato (m)	јело (с)	jélo
pedir (vt)	наручити (пг)	narúčiti
fazer o pedido	наручити	narúčiti
aperitivo (m)	аперитив (м)	áperitiv
entrada (f)	предјело (с)	prédjelo
sobremesa (f)	десерт (м)	désert
conta (f)	рачун (м)	ráčun
pagar a conta	платити рачун	plátiti ráčun
dar o troco	вратити кусур	vrátiti kúsur
gorjeta (f)	бакшиш (м)	bákšiš

Família, parentes e amigos

45. Informação pessoal. Formulários

nome (m)	име (с)	íme
sobrenome (m)	презиме (с)	prézime
data (f) de nascimento	датум (м) рођења	dátum rođénja
local (m) de nascimento	место (с) рођења	mésto rođénja
nacionalidade (f)	националност (ж)	nacionálnost
lugar (m) de residência	пребивалиште (с)	prébivalište
país (m)	земља (ж)	zémlja
profissão (f)	професија (ж)	profésija
sexo (m)	пол (м)	pol
estatura (f)	раст (м)	rast
peso (m)	тежина (ж)	težína

46. Membros da família. Parentes

mãe (f)	мајка (ж)	májka
pai (m)	отац (м)	ótac
filho (m)	син (м)	sin
filha (f)	кћи (ж)	kći
caçula (f)	млађа кћи (ж)	mláđa kći
caçula (m)	млађи син (м)	mláđi sin
filha (f) mais velha	најстарија кћи (ж)	nájstarija kći
filho (m) mais velho	најстарији син (м)	nájstariji sin
irmão (m)	брат (м)	brat
irmão (m) mais velho	старији брат (м)	stáriji brat
irmão (m) mais novo	млађи брат (м)	mláđi brat
irmã (f)	сестра (ж)	séstra
irmã (f) mais velha	старија сестра (ж)	stárija séstra
irmã (f) mais nova	млађа сестра (ж)	mláđa séstra
primo (m)	рођак (м)	róđak
prima (f)	рођака (ж)	róđaka
mamãe (f)	мама (ж)	máma
papai (m)	тата (м)	táta
pais (pl)	родитељи (мн)	róditelji
criança (f)	дете (с)	déte
crianças (f pl)	деца (мн)	déca
avó (f)	бака (ж)	báka
avô (m)	деда (м)	déda
neto (m)	унук (м)	únuk

neta (f)	унука (ж)	únuka
netos (pl)	унуци (мн)	únuci
tio (m)	ујак, стриц (м)	újak, stric
tia (f)	ујна, стрина (ж)	újna, strína
sobrinho (m)	нећак, сестрић (м)	nećak, séstrić
sobrinha (f)	нећакиња, сестричина (ж)	nećákinja, séstričina
sogra (f)	ташта (ж)	tášta
sogro (m)	свекар (м)	svékar
genro (m)	зет (м)	zet
madrasta (f)	маћеха (ж)	máćeha
padrasto (m)	очух (м)	óčuh
criança (f) de colo	беба (ж)	béba
bebê (m)	беба (ж)	béba
menino (m)	мало дете (с), беба (ж)	málo déte, béba
mulher (f)	жена (ж)	žéna
marido (m)	муж (м)	muž
esposo (m)	супруг (м)	súprug
esposa (f)	супруга (ж)	súpruga
casado (adj)	ожењен	óženjen
casada (adj)	удата	údata
solteiro (adj)	неожењен	neóženjen
solteirão (m)	нежења (м)	néženja
divorciado (adj)	разведен	razvéden
viúva (f)	удовица (ж)	udóvica
viúvo (m)	удовац (м)	údovac
parente (m)	рођак (м)	róđak
parente (m) próximo	блиски рођак (м)	blíski róđak
parente (m) distante	даљи рођак (м)	dálji róđak
parentes (m pl)	рођаци (мн)	róđaci
órfão (m), órfã (f)	сироче (с)	siróče
tutor (m)	старатељ (м)	stáratelj
adotar (um filho)	усвојити (пг)	usvójiti
adotar (uma filha)	усвојити (пг)	usvójiti

Medicina

doença (f)	болест (ж)	bólest
estar doente	боловати (нг)	bolóvati
saúde (f)	здравље (с)	zdrávlje
nariz (m) escorrendo	кијавица (ж)	kíjavica
amigdalite (f)	ангина (ж)	angína
resfriado (m)	прехлада (ж)	préhlada
ficar resfriado	прехладити се	prehláditi se
bronquite (f)	бронхитис (м)	bronhítis
pneumonia (f)	упала (ж) плућа	úpala plúća
gripe (f)	грип (м)	grip
míope (adj)	кратковид	kratkóvid
presbita (adj)	далековид	dalekóvid
estrabismo (m)	разрокост (ж)	rázrokost
estrábico, vesgo (adj)	разрок	rázrok
catarata (f)	катаракта (ж)	katarákta
glaucoma (m)	глауком (м)	gláukom
AVC (m), apoplexia (f)	мождани удар (м)	móždani údar
ataque (m) cardíaco	инфаркт (м)	ínfarkt
enfarte (m) do miocárdio	инфаркт (м) миокарда	ínfarkt míokarda
paralisia (f)	парализа (ж)	paralíza
paralisar (vt)	парализовати (пг)	parálizovati
alergia (f)	алергија (ж)	alérgija
asma (f)	астма (ж)	ástma
diabetes (f)	дијабетес (м)	dijabétes
dor (f) de dente	зубобоља (ж)	zubóbolja
cárie (f)	каријес (м)	kárijes
diarreia (f)	дијареја (ж), пролив (м)	dijaréja, próliv
prisão (f) de ventre	затвор (м)	zátvor
desarranjo (m) intestinal	лоша пробава (ж)	lóša próbava
intoxicação (f) alimentar	тровање (с)	tróvanje
intoxicar-se	отровати се	otróvati se
artrite (f)	артритис (м)	artrítis
raquitismo (m)	рахитис (м)	rahítis
reumatismo (m)	реуматизам (м)	reumatízam
arteriosclerose (f)	атеросклероза (ж)	ateroskleróza
gastrite (f)	гастритис (м)	gastrítis
apendicite (f)	апендицитис (м)	apendicítis

colecistite (f)	холециститис (м)	holecístitis
úlcera (f)	чир (м)	čir
sarampo (m)	мале богиње (мн)	mále bóginje
rubéola (f)	рубеола (ж)	rubéola
icterícia (f)	жутица (ж)	žútica
hepatite (f)	хепатитис (м)	hepatítis
esquizofrenia (f)	шизофренија (ж)	šizofrénija
raiva (f)	беснило (с)	bésnilo
neurose (f)	неуроза (ж)	neuróza
contusão (f) cerebral	потрес (м) мозга	pótres mózga
câncer (m)	рак (м)	rak
esclerose (f)	склероза (ж)	skleróza
esclerose (f) múltipla	мултипла склероза (ж)	múltipla skleróza
alcoolismo (m)	алкохолизам (м)	alkoholízam
alcoólico (m)	алкохоличар (м)	alkohóličar
sífilis (f)	сифилис (м)	sífilis
AIDS (f)	Сида (ж)	Sída
tumor (m)	тумор (м)	túmor
maligno (adj)	малигни, злоћудан	máligni, zlóćudan
benigno (adj)	доброћудан	dóbroćudan
febre (f)	грозница (ж)	gróznica
malária (f)	маларија (ж)	málarija
gangrena (f)	гангрена (ж)	gangréna
enjoo (m)	морска болест (ж)	mórska bólest
epilepsia (f)	епилепсија (ж)	epilépsija
epidemia (f)	епидемија (ж)	epidémija
tifo (m)	тифус (м)	tífus
tuberculose (f)	туберкулоза (ж)	tuberkulóza
cólera (f)	колера (ж)	koléra
peste (f) bubônica	куга (ж)	kúga

48. Sintomas. Tratamentos. Parte 1

sintoma (m)	симптом (м)	símptom
temperatura (f)	температура (ж)	temperatúra
febre (f)	висока температура (ж)	vísoka temperatúra
pulso (m)	пулс (м)	puls
vertigem (f)	вртоглавица (ж)	vrtóglavica
quente (testa, etc.)	врућ	vruć
calafrio (m)	језа (ж)	jéza
pálido (adj)	блед	bled
tosse (f)	кашаљ (м)	kášalj
tossir (vi)	кашљати (нг)	kášljati
espirrar (vi)	кијати (нг)	kíjati
desmaio (m)	несвестица (ж)	nésvestica

desmaiar (vi)	онесвестити се	onesvéstiti se
mancha (f) preta	модрица (ж)	módrica
galo (m)	чворуга (ж)	čvóruga
machucar-se (vr)	ударити се	údariti se
contusão (f)	озледа (ж)	ózleda
machucar-se (vr)	озледити се	ozléditi se

mancar (vi)	храмати (нг)	hrámati
deslocamento (f)	ишчашење (с)	iščašénje
deslocar (vt)	ишчашити (пг)	íščašiti
fratura (f)	прелом (м)	prélom
fraturar (vt)	задобити прелом	zadóbiti prélom

corte (m)	посекотина (ж)	posekótina
cortar-se (vr)	порезати се	pórezati se
hemorragia (f)	крварење (с)	krvárenje

| queimadura (f) | опекотина (ж) | opekótina |
| queimar-se (vr) | опећи се | ópeći se |

picar (vt)	убости (пг)	úbosti
picar-se (vr)	убости се	úbosti se
lesionar (vt)	повредити (пг)	povréditi
lesão (m)	повреда (ж)	póvreda
ferida (f), ferimento (m)	рана (ж)	rána
trauma (m)	траума (ж)	tráuma

delirar (vi)	бунцати (нг)	búncati
gaguejar (vi)	муцати (нг)	múcati
insolação (f)	сунчаница (ж)	súnčanica

49. Sintomas. Tratamentos. Parte 2

| dor (f) | бол (ж) | bol |
| farpa (no dedo, etc.) | трн (м) | trn |

suor (m)	зној (м)	znoj
suar (vi)	знојити се	znójiti se
vômito (m)	повраћање (с)	póvraćanje
convulsões (f pl)	грчеви (мн)	gŕčevi

grávida (adj)	трудна	trúdna
nascer (vi)	родити се	róditi se
parto (m)	порођај (м)	pórođaj
dar à luz	рађати (пг)	ráđati
aborto (m)	абортус, побачај (м)	abórtus, póbačaj

respiração (f)	дисање (с)	dísanje
inspiração (f)	удисај (м)	údisaj
expiração (f)	издах (м)	ízdah
expirar (vi)	издахнути (нг)	izdáhnuti
inspirar (vi)	удисати (нг)	údisati
inválido (m)	инвалид (м)	inválid
aleijado (m)	богаљ (м)	bógalj

drogado (m)	наркоман (м)	nárkoman
surdo (adj)	глув	gluv
mudo (adj)	нем	nem
surdo-mudo (adj)	глувонем	glúvonem

louco, insano (adj)	луд	lud
louco (m)	лудак (м)	lúdak
louca (f)	луда (ж)	lúda
ficar louco	полудети (нг)	polúdeti

gene (m)	ген (м)	gen
imunidade (f)	имунитет (м)	imunítet
hereditário (adj)	наследни	následni
congênito (adj)	урођен	úrođen

vírus (m)	вирус (м)	vírus
micróbio (m)	микроб (м)	míkrob
bactéria (f)	бактерија (ж)	baktérija
infecção (f)	инфекција (ж)	infékcija

50. Sintomas. Tratamentos. Parte 3

hospital (m)	болница (ж)	bólnica
paciente (m)	пацијент (м)	pacíjent

diagnóstico (m)	дијагноза (ж)	dijagnóza
cura (f)	лечење (с)	léčenje
tratamento (m) médico	медицински третман (м)	médicinski trétman
curar-se (vr)	лечити се	léčiti se
tratar (vt)	лечити (нг)	léčiti
cuidar (pessoa)	неговати (нг)	négovati
cuidado (m)	нега (ж)	néga

operação (f)	операција (ж)	operácija
enfaixar (vt)	превити (нг)	préviti
enfaixamento (m)	превијање (с)	prevíjanje

vacinação (f)	вакцинација (ж)	vakcinácija
vacinar (vt)	вакцинисати (нг)	vakcinísati
injeção (f)	ињекција (ж)	injékcija
dar uma injeção	давати ињекцију	dávati injékciju

ataque (~ de asma, etc.)	напад (м)	nápad
amputação (f)	ампутација (ж)	amputácija
amputar (vt)	ампутирати (нг)	amputírati
coma (f)	кома (ж)	kóma
estar em coma	бити у коми	bíti u kómi
reanimação (f)	реанимација (ж)	reanimácija

recuperar-se (vr)	оздрављати (нг)	ódzdravljati
estado (~ de saúde)	стање (с)	stánje
consciência (perder a ~)	свест (ж)	svest
memória (f)	памћење (с)	pámćenje
tirar (vt)	вадити (нг)	váditi

| obturação (f) | пломба (ж) | plómba |
| obturar (vt) | пломбирати (пг) | plombírati |

| hipnose (f) | хипноза (ж) | hipnóza |
| hipnotizar (vt) | хипнотизирати (пг) | hipnotizírati |

51. Médicos

médico (m)	лекар (м)	lékar
enfermeira (f)	медицинска сестра (ж)	médicinska séstra
médico (m) pessoal	лични лекар (м)	líčni lékar

dentista (m)	зубар (м)	zúbar
oculista (m)	окулиста (м)	okulísta
terapeuta (m)	терапеут (м)	terapéut
cirurgião (m)	хирург (м)	hírurg

psiquiatra (m)	психијатар (м)	psihijátar
pediatra (m)	педијатар (м)	pedíjatar
psicólogo (m)	психолог (м)	psihólog
ginecologista (m)	гинеколог (м)	ginekólog
cardiologista (m)	кардиолог (м)	kardiólog

52. Medicina. Drogas. Acessórios

medicamento (m)	лек (м)	lek
remédio (m)	средство (с)	srédstvo
receitar (vt)	преписивати (пг)	prepisívati
receita (f)	рецепт (м)	récept

comprimido (m)	таблета (ж)	tabléta
unguento (m)	маст (ж)	mast
ampola (f)	ампула (ж)	ámpula
solução, preparado (m)	микстура (ж)	mikstúra
xarope (m)	сируп (м)	sírup
cápsula (f)	пилула (ж)	pílula
pó (m)	прашак (м)	prášak

atadura (f)	завој (м)	závoj
algodão (m)	вата (ж)	váta
iodo (m)	јод (м)	jod

curativo (m) adesivo	фластер (м)	fláster
conta-gotas (m)	пипета (ж)	pipéta
termômetro (m)	термометар (м)	térmometar
seringa (f)	шприц (м)	špric

| cadeira (f) de rodas | инвалидска колица (мн) | inválidska kolíca |
| muletas (f pl) | штаке (мн) | štáke |

| analgésico (m) | аналгетик (м) | analgétik |
| laxante (m) | лаксатив (м) | láksativ |

álcool (m)	**алкохол** (м)	álkohol
ervas (f pl) medicinais	**лековито биље** (c)	lékovito bílje
de ervas (chá ~)	**биљни**	bíljni

HABITAT HUMANO

Cidade

53. Cidade. Vida na cidade

cidade (f)	град (м)	grad
capital (f)	главни град (м), престоница (ж)	glávni grad, préstonica
aldeia (f)	село (с)	sélo
mapa (m) da cidade	план (м) града	plan gráda
centro (m) da cidade	центар (м) града	céntar gráda
subúrbio (m)	предграђе (с)	prédgrađe
suburbano (adj)	приградски	prígradski
periferia (f)	предграђе (с)	prédgrađe
arredores (m pl)	околина (ж)	ókolina
quarteirão (m)	четврт (ж)	čétvrt
quarteirão (m) residencial	стамбена четврт (ж)	stámbena čétvrt
tráfego (m)	саобраћај (м)	sáobraćaj
semáforo (m)	семафор (м)	sémafor
transporte (m) público	градски превоз (м)	grádski prévoz
cruzamento (m)	раскрсница (ж)	ráskrsnica
faixa (f)	пешачки прелаз (м)	péšački prélaz
túnel (m) subterrâneo	подземни пролаз (м)	pódzemni prólaz
cruzar, atravessar (vt)	прелазити (пг)	prélaziti
pedestre (m)	пешак (м)	péšak
calçada (f)	тротоар (м)	trotóar
ponte (f)	мост (м)	most
margem (f) do rio	кеј (м)	kej
fonte (f)	чесма (ж)	čésma
alameda (f)	алеја (ж)	aléja
parque (m)	парк (м)	park
bulevar (m)	булевар (м)	bulévar
praça (f)	трг (м)	tȑg
avenida (f)	авенија (ж)	avénija
rua (f)	улица (ж)	úlica
travessa (f)	споредна улица (ж)	spóredna úlica
beco (m) sem saída	ћорсокак (м)	ćorsókak
casa (f)	кућа (ж)	kúća
edifício, prédio (m)	зграда (ж)	zgráda
arranha-céu (m)	небодер (м)	néboder
fachada (f)	фасада (ж)	fasáda

telhado (m)	кров (м)	krov
janela (f)	прозор (м)	prózor
arco (m)	лук (м)	luk
coluna (f)	колона (ж)	kolóna
esquina (f)	угао, ћошак (м)	úgao, ćóšak

vitrine (f)	излог (м)	ízlog
letreiro (m)	натпис (м)	nátpis
cartaz (do filme, etc.)	плакат (м)	plákat
cartaz (m) publicitário	рекламни постер (м)	réklamni póster
painel (m) publicitário	билборд (м)	bílbord

lixo (m)	смеће, ђубре (с)	smeće, đúbre
lata (f) de lixo	корпа (ж) за смеће	kórpa za sméće
jogar lixo na rua	бацати ђубре	bácati đúbre
aterro (m) sanitário	депонија (ж)	depónija

orelhão (m)	говорница (ж)	góvornica
poste (m) de luz	стуб (м)	stub
banco (m)	клупа (ж)	klúpa

polícia (m)	полицајац (м)	policájac
polícia (instituição)	полиција (ж)	polícija
mendigo, pedinte (m)	просјак (м)	prósjak
desabrigado (m)	бескућник (м)	béskućnik

54. Instituições urbanas

loja (f)	продавница (ж)	pródavnica
drogaria (f)	апотека (ж)	apotéka
ótica (f)	оптика (ж)	óptika
centro (m) comercial	тржни центар (м)	tržni céntar
supermercado (m)	супермаркет (м)	supermárket

padaria (f)	пекара (ж)	pékara
padeiro (m)	пекар (м)	pékar
pastelaria (f)	посластичарница (ж)	poslastičárnica
mercearia (f)	бакалница (ж)	bakálnica
açougue (m)	месара (ж)	mésara

| fruteira (f) | пиљарница (ж) | píljarnica |
| mercado (m) | пијаца (ж) | píjaca |

cafeteria (f)	кафић (м), кафана (ж)	káfić, kafána
restaurante (m)	ресторан (м)	restóran
bar (m)	пивница (ж)	pívnica
pizzaria (f)	пицерија (ж)	picérija

salão (m) de cabeleireiro	фризерски салон (м)	frízerski sálon
agência (f) dos correios	пошта (ж)	pószta
lavanderia (f)	хемијско чишћење (с)	hémijsko číšćenje
estúdio (m) fotográfico	фото атеље (м)	fóto atélje
sapataria (f)	продавница (ж) обуће	pródavnica óbuće
livraria (f)	књижара (ж)	knjížara

loja (f) de artigos esportivos	спортска радња (ж)	spórtska rádnja
costureira (m)	поправка (ж) одеће	pópravka ódeće
aluguel (m) de roupa	изнајмљивање (с) одеће	iznajmljívanje ódeće
videolocadora (f)	изнајмљивање (с) филмова	iznajmljívanje fílmova
circo (m)	циркус (м)	církus
jardim (m) zoológico	зоолошки врт (м)	zoólóški vŕt
cinema (m)	биоскоп (м)	bíoskop
museu (m)	музеј (м)	múzej
biblioteca (f)	библиотека (ж)	bibliotéka
teatro (m)	позориште (с)	pózorište
ópera (f)	опера (ж)	ópera
boate (casa noturna)	ноћни клуб (м)	nóćni klub
cassino (m)	коцкарница (ж)	kóckarnica
mesquita (f)	џамија (ж)	džámija
sinagoga (f)	синагога (ж)	sinagóga
catedral (f)	катедрала (ж)	katedrála
templo (m)	храм (м)	hram
igreja (f)	црква (ж)	cŕkva
faculdade (f)	институт (м)	instítut
universidade (f)	универзитет (м)	univerzitét
escola (f)	школа (ж)	škóla
prefeitura (f)	управа (ж)	úprava
câmara (f) municipal	градска кућа (ж)	grádska kúća
hotel (m)	хотел (м)	hótel
banco (m)	банка (ж)	bánka
embaixada (f)	амбасада (ж)	ambasáda
agência (f) de viagens	туристичка агенција (ж)	turístička agéncija
agência (f) de informações	биро (с) за информације	bíro za informácije
casa (f) de câmbio	мењачница (ж)	menjáčnica
metrô (m)	метро (м)	métro
hospital (m)	болница (ж)	bólnica
posto (m) de gasolina	бензинска станица (ж)	bénzinska stánica
parque (m) de estacionamento	паркиралиште (с)	parkíralište

55. Sinais

letreiro (m)	натпис (м)	nátpis
aviso (m)	натпис (м)	nátpis
cartaz, pôster (m)	плакат (м)	plákat
placa (f) de direção	путоказ (м)	pútokaz
seta (f)	стрелица (ж)	strélica
aviso (advertência)	упозорење (с)	upozorénje
sinal (m) de aviso	знак (м) упозорења	znak upozorénja
avisar, advertir (vt)	упозорити (пг)	upozóriti

dia (m) de folga	слободан дан (м)	slóbodan dan
horário (~ dos trens, etc.)	распоред (м)	ráspored
horário (m)	радно време (с)	rádno vréme
BEM-VINDOS!	ДОБРО ДОШЛИ!	DOBRO DOŠLI!
ENTRADA	УЛАЗ	ULAZ
SAÍDA	ИЗЛАЗ	IZLAZ
EMPURRE	ГУРАЈ	GURAJ
PUXE	ВУЦИ	VUCI
ABERTO	ОТВОРЕНО	OTVORENO
FECHADO	ЗАТВОРЕНО	ZATVORENO
MULHER	ЖЕНЕ	ŽENE
HOMEM	МУШКАРЦИ	MUŠKARCI
DESCONTOS	ПОПУСТИ	POPUSTI
SALDOS, PROMOÇÃO	РАСПРОДАЈА	RASPRODAJA
NOVIDADE!	НОВО!	NOVO!
GRÁTIS	БЕСПЛАТНО	BESPLATNO
ATENÇÃO!	ПАЖЊА!	PAŽNJA!
NÃO HÁ VAGAS	НЕМА СЛОБОДНИХ СОБА	NEMA SLOBODNIH SOBA
RESERVADO	РЕЗЕРВИСАНО	REZERVISANO
ADMINISTRAÇÃO	УПРАВА	UPRAVA
SOMENTE PESSOAL AUTORIZADO	САМО ЗА ОСОБЉЕ	SAMO ZA OSOBLJE
CUIDADO CÃO FEROZ	ЧУВАЈ СЕ ПСА	ČUVAJ SE PSA
PROIBIDO FUMAR!	ЗАБРАЊЕНО ПУШЕЊЕ	ZABRANJENO PUŠENJE
NÃO TOCAR	НЕ ДИРАТИ	NE DIRATI
PERIGOSO	ОПАСНО	OPASNO
PERIGO	ОПАСНОСТ	OPASNOST
ALTA TENSÃO	ВИСОКИ НАПОН	VISOKI NAPON
PROIBIDO NADAR	ЗАБРАЊЕНО КУПАЊЕ	ZABRANJENO KUPANJE
COM DEFEITO	НЕ РАДИ	NE RADI
INFLAMÁVEL	ЗАПАЉИВО	ZAPALJIVO
PROIBIDO	ЗАБРАЊЕНО	ZABRANJENO
ENTRADA PROIBIDA	ЗАБРАЊЕН ПРОЛАЗ	ZABRANJEN PROLAZ
CUIDADO TINTA FRESCA	СВЕЖЕ ОФАРБАНО	SVEŽE OFARBANO

56. Transportes urbanos

ônibus (m)	аутобус (м)	autóbus
bonde (m) elétrico	трамвај (м)	trámvaj
trólebus (m)	тролејбус (м)	troléjbus
rota (f), itinerário (m)	маршрута (ж)	maršrúta
número (m)	број (м)	broj
ir de ... (carro, etc.)	ићи ...	íći ...
entrar no ...	ући у ...	úći u ...

descer do …	сићи (нг), изаћи из …	síći, ízaći iz …
parada (f)	станица (ж)	stánica
próxima parada (f)	следећа станица (ж)	slédeća stánica
terminal (m)	последња станица (ж)	póslednja stánica
horário (m)	ред (м) вожње	red vóžnje
esperar (vt)	чекати (нг, пг)	čékati
passagem (f)	карта (ж)	kárta
tarifa (f)	цена (ж) карте	céna kárte
bilheteiro (m)	благајник (м)	blágajnik
controle (m) de passagens	контрола (ж)	kontróla
revisor (m)	контролер (м)	kontróler
atrasar-se (vr)	каснити (нг)	kásniti
perder (o autocarro, etc.)	пропустити (пг)	propústiti
estar com pressa	журити (нг)	žúriti
táxi (m)	такси (м)	táksi
taxista (m)	таксиста (м)	táksista
de táxi (ir ~)	таксијем	táksijem
ponto (m) de táxis	такси станица (ж)	táksi stánica
chamar um táxi	позвати такси	pózvati táksi
pegar um táxi	узети такси	úzeti taksi
tráfego (m)	саобраћај (м)	sáobraćaj
engarrafamento (m)	гужва (ж)	gúžva
horas (f pl) de pico	шпиц (м)	špic
estacionar (vi)	паркирати се	parkírati se
estacionar (vt)	паркирати (пг)	parkírati
parque (m) de estacionamento	паркиралиште (с)	parkíralište
metrô (m)	метро (м)	métro
estação (f)	станица (ж)	stánica
ir de metrô	ићи метроом	ići metróom
trem (m)	воз (м)	voz
estação (f) de trem	железничка станица (ж)	žéleznička stánica

57. Turismo

monumento (m)	споменик (м)	spómenik
fortaleza (f)	тврђава (ж)	tvŕđava
palácio (m)	палата (ж)	paláta
castelo (m)	замак (м)	zámak
torre (f)	кула (ж)	kúla
mausoléu (m)	маузолеј (м)	mauzólej
arquitetura (f)	архитектура (ж)	arhitektúra
medieval (adj)	средњовековни	srednjovékovni
antigo (adj)	старински	starínski
nacional (adj)	национални	nacionálni
famoso, conhecido (adj)	чувен	čúven
turista (m)	туриста (м)	turísta
guia (pessoa)	водич (м)	vódič

excursão (f)	екскурзија (ж)	ekskúrzija
mostrar (vt)	показивати (пг)	pokazívati
contar (vt)	причати (пг)	príčati

encontrar (vt)	наћи (пг)	náći
perder-se (vr)	изгубити се	izgúbiti se
mapa (~ do metrô)	мапа (ж)	mápa
mapa (~ da cidade)	план (м)	plan

lembrança (f), presente (m)	сувенир (м)	suvénir
loja (f) de presentes	продавница (ж) сувенира	pródavnica suveníra
tirar fotos, fotografar	сликати (пг)	slíkati
fotografar-se (vr)	сликати се	slíkati se

58. Compras

comprar (vt)	куповати (пг)	kupóvati
compra (f)	куповина (ж)	kupóvina
fazer compras	ићи у шопинг	ići u šóping
compras (f pl)	куповина (ж)	kupóvina

estar aberta (loja)	бити отворен	bíti ótvoren
estar fechada	бити затворен	bíti zátvoren

calçado (m)	обућа (ж)	óbuća
roupa (f)	одећа (ж)	ódeća
cosméticos (m pl)	козметика (ж)	kozmétika
alimentos (m pl)	намирнице (мн)	námirnice
presente (m)	поклон (м)	póklon

vendedor (m)	продавач (м)	prodávač
vendedora (f)	продавачица (ж)	prodaváčica

caixa (f)	благајна (ж)	blágajna
espelho (m)	огледало (с)	oglédalo
balcão (m)	тезга (ж)	tézga
provador (m)	кабина (ж)	kabína

provar (vt)	пробати (пг)	próbati
servir (roupa, caber)	пристајати (нг)	prístajati
gostar (apreciar)	свиђати се	svíđati se

preço (m)	цена (ж)	céna
etiqueta (f) de preço	ценовник (м)	cénovnik
custar (vt)	коштати (нг)	kóštati
Quanto?	Колико?	Kolíko?
desconto (m)	попуст (м)	pópust

não caro (adj)	није скуп	níje skup
barato (adj)	јефтин	jéftin
caro (adj)	скуп	skup
É caro	То је скупо	To je skúpo
aluguel (m)	изнајмљивање (с)	iznajmljívanje
alugar (roupas, etc.)	изнајмити (пг)	iznájmiti

| crédito (m) | кредит (м) | krédit |
| a crédito | на кредит | na krédit |

59. Dinheiro

dinheiro (m)	новац (м)	nóvac
câmbio (m)	размена (ж)	rázmena
taxa (f) de câmbio	курс (м)	kurs
caixa (m) eletrônico	банкомат (м)	bánkomat
moeda (f)	новчић (м)	nóvčić

| dólar (m) | долар (м) | dólar |
| euro (m) | евро (м) | évro |

lira (f)	италијанска лира (ж)	itálijanska líra
marco (m)	немачка марка (ж)	némačka márka
franco (m)	франак (м)	frának
libra (f) esterlina	фунта (ж)	fúnta
iene (m)	јен (м)	jen

dívida (f)	дуг (м)	dug
devedor (m)	дужник (м)	dúžnik
emprestar (vt)	посудити	posúditi
pedir emprestado	позајмити (пг)	pozájmiti

banco (m)	банка (ж)	bánka
conta (f)	рачун (м)	ráčun
depositar (vt)	положити (пг)	polóžiti
depositar na conta	положити на рачун	polóžiti na ráčun
sacar (vt)	подићи са рачуна	pódići sa račúna

cartão (m) de crédito	кредитна картица (ж)	kréditna kártica
dinheiro (m) vivo	готовина (ж)	gótovina
cheque (m)	чек (м)	ček
passar um cheque	написати чек	napísati ček
talão (m) de cheques	чековна књижица (ж)	čékovna knjížica

carteira (f)	новчаник (м)	novčánik
niqueleira (f)	новчаник (м)	novčánik
cofre (m)	сеф (м)	sef

herdeiro (m)	наследник (м)	následnik
herança (f)	наследство (с)	následstvo
fortuna (riqueza)	богатство (с)	bogátstvo

arrendamento (m)	закуп, најам (м)	zákup, nájam
aluguel (pagar o ~)	станарина (ж)	stánarina
alugar (vt)	изнајмити (пг)	iznájmiti

preço (m)	цена (ж)	céna
custo (m)	вредност (ж)	vrédnost
soma (f)	износ (м)	íznos
gastar (vt)	трошити (пг)	tróšiti
gastos (m pl)	трошкови (мн)	tróškovi

economizar (vi)	штедети (нг, пг)	štédeti
econômico (adj)	штедљив	štédljiv
pagar (vt)	платити (нг, пг)	plátiti
pagamento (m)	плаћање (с)	pláćanje
troco (m)	кусур (м)	kúsur
imposto (m)	порез (м)	pórez
multa (f)	новчана казна (ж)	nóvčana kázna
multar (vt)	кажњавати (пг)	kažnjávati

60. Correios. Serviço postal

agência (f) dos correios	пошта (ж)	póšta
correio (m)	пошта (ж)	póšta
carteiro (m)	поштар (м)	póštar
horário (m)	радно време (с)	rádno vréme
carta (f)	писмо (с)	písmo
carta (f) registada	препоручено писмо (с)	préporučeno písmo
cartão (m) postal	разгледница (ж)	rázglednica
telegrama (m)	телеграм (м)	télegram
encomenda (f)	пакет (м)	páket
transferência (f) de dinheiro	пренос (м) новца	prénos nóvca
receber (vt)	примити (пг)	prímiti
enviar (vt)	послати (пг)	póslati
envio (m)	слање (с)	slánje
endereço (m)	адреса (ж)	adrésa
código (m) postal	поштански број (м)	póštanski broj
remetente (m)	пошиљалац (м)	póšiljalac
destinatário (m)	прималац (м)	prímalac
nome (m)	име (с)	íme
sobrenome (m)	презиме (с)	prézime
tarifa (f)	тарифа (ж)	tarífa
ordinário (adj)	обичан	óbičan
econômico (adj)	економичан	ekónomičan
peso (m)	тежина (ж)	težína
pesar (estabelecer o peso)	вагати (пг)	vágati
envelope (m)	коверат (м)	kovérat
selo (m) postal	поштанска марка (ж)	poštanska márka
colar o selo	лепити марку	lépiti márku

Moradia. Casa. Lar

61. Casa. Eletricidade

eletricidade (f)	струја (ж)	strúja
lâmpada (f)	сијалица (ж)	síjalica
interruptor (m)	прекидач (м)	prekídač
fusível, disjuntor (m)	осигурач (м)	osigúrač
fio, cabo (m)	жица (ж), кабл (м)	žíca, kabl
instalação (f) elétrica	електрична инсталација (ж)	eléktrična instalácija
medidor (m) de eletricidade	струјомер (м)	strújomer
indicação (f), registro (m)	стање (с)	stánje

62. Moradia. Mansão

casa (f) de campo	сеоска кућа (ж)	séoska kúća
vila (f)	вила (ж)	víla
ala (~ do edifício)	крило (с)	krílo
jardim (m)	врт (м)	vŕt
parque (m)	парк (м)	park
estufa (f)	стакленик (м)	stáklenik
cuidar de …	припазити на …	pripaziti na …
piscina (f)	базен (м)	bázen
academia (f) de ginástica	теретана (ж)	teretána
quadra (f) de tênis	тениски терен (м)	téniski téren
cinema (m)	кућни биоскоп (м)	kúćni bíoskop
garagem (f)	гаража (ж)	garáža
propriedade (f) privada	приватна својина (ж)	prívatna svójina
terreno (m) privado	приватни посед (м)	prívatni pósed
advertência (f)	упозорење (с)	upozorénje
sinal (m) de aviso	знак (м) упозорења	znak upozorénja
guarda (f)	обезбеђење (с)	obezbeđénje
guarda (m)	чувар (м)	čúvar
alarme (m)	аларм (м)	alárm

63. Apartamento

apartamento (m)	стан (м)	stan
quarto, cômodo (m)	соба (ж)	sóba

quarto (m) de dormir	спаваћа соба (ж)	spávaća sóba
sala (f) de jantar	трпезарија (ж)	trpezárija
sala (f) de estar	дневна соба (ж)	dnévna sóba
escritório (m)	кабинет (м)	kabínet
sala (f) de entrada	ходник (м)	hódnik
banheiro (m)	купатило (с)	kupátilo
lavabo (m)	тоалет (м)	toálet
teto (m)	плафон (м)	pláfon
chão, piso (m)	под (м)	pod
canto (m)	угао, ћошак (м)	úgao, ćóšak

64. Mobiliário. Interior

mobiliário (m)	намештај (м)	námeštaj
mesa (f)	сто (м)	sto
cadeira (f)	столица (ж)	stólica
cama (f)	кревет (м)	krévet
sofá, divã (m)	диван (м)	dívan
poltrona (f)	фотеља (ж)	fotélja
estante (f)	орман (м) за књиге	órman za knjíge
prateleira (f)	полица (ж)	pólica
guarda-roupas (m)	орман (м)	órman
cabide (m) de parede	вешалица (ж)	véšalica
cabideiro (m) de pé	чивилук (м)	číviluk
cômoda (f)	комода (ж)	komóda
mesinha (f) de centro	столић (м) за кафу	stólic za kafu
espelho (m)	огледало (с)	oglédalo
tapete (m)	тепих (м)	tépih
tapete (m) pequeno	ћилимче (с)	ćilímče
lareira (f)	камин (м)	kámin
vela (f)	свећа (ж)	svéća
castiçal (m)	свећњак (м)	svéćnjak
cortinas (f pl)	завесе (мн)	závese
papel (m) de parede	тапете (мн)	tapéte
persianas (f pl)	ролетна (ж)	róletna
luminária (f) de mesa	стона лампа (ж)	stóna lámpa
luminária (f) de parede	зидна светиљка (ж)	zídna svétiljka
abajur (m) de pé	подна лампа (ж)	pódna lámpa
lustre (m)	лустер (м)	lúster
pé (de mesa, etc.)	нога (ж)	nóga
braço, descanso (m)	наслон (м) за руку	náslon za rúku
costas (f pl)	наслон (м)	náslon
gaveta (f)	фиока (ж)	fióka

65. Quarto de dormir

roupa (f) de cama	постељина (ж)	posteljína
travesseiro (m)	jастук (м)	jástuk
fronha (f)	jастучница (ж)	jástučnica
cobertor (m)	jорган (м)	jórgan
lençol (m)	чаршав (м)	čáršav
colcha (f)	покривач (м)	pokrívač

66. Cozinha

cozinha (f)	кухиња (ж)	kúhinja
gás (m)	гас (м)	gas
fogão (m) a gás	плински шпорет (м)	plínski špóret
fogão (m) elétrico	електрични шпорет (м)	eléktrični šporet
forno (m)	рерна (ж)	rérna
forno (m) de micro-ondas	микроталасна рерна (ж)	mikrotálasna rérna
geladeira (f)	фрижидер (м)	frížider
congelador (m)	замрзивач (м)	zamrzívač
máquina (f) de lavar louça	машина (ж) за прање судова	mašína za pránje súdova
moedor (m) de carne	млин (м) за месо	mlin za méso
espremedor (m)	соковник (м)	sókovnik
torradeira (f)	тостер (м)	tóster
batedeira (f)	миксер (м)	míkser
máquina (f) de café	апарат (м) за кафу	apárat za káfu
cafeteira (f)	лонче (с) за кафу	lónče za káfu
moedor (m) de café	млин (м) за кафу	mlin za káfu
chaleira (f)	кувало, чајник (м)	kúvalo, čájnik
bule (m)	чајник (м)	čájnik
tampa (f)	поклопац (м)	póklopac
coador (m) de chá	цедиљка (ж)	cédiljka
colher (f)	кашика (ж)	kášika
colher (f) de chá	кашичица (ж)	kášičica
colher (f) de sopa	супена кашика (ж)	súpena kášika
garfo (m)	виљушка (ж)	víljuška
faca (f)	нож (м)	nož
louça (f)	посуђе (с)	pósuđe
prato (m)	тањир (м)	tánjir
pires (m)	тацна (ж)	tácna
cálice (m)	чашица (ж)	čášica
copo (m)	чаша (ж)	čáša
xícara (f)	шоља (ж)	šólja
açucareiro (m)	шећерница (ж)	šéćernica
saleiro (m)	сланик (м)	slánik

pimenteiro (m)	биберница (ж)	bíbernica
manteigueira (f)	посуда (ж) за маслац	pósuda za máslac
panela (f)	шерпа (ж), лонац (м)	šerpa, lónac
frigideira (f)	тигањ (м)	tíganj
concha (f)	кутлача (ж)	kútlača
coador (m)	цедиљка (ж)	cédiljka
bandeja (f)	послужавник (м)	poslúžavnik
garrafa (f)	боца, флаша (ж)	bóca, fláša
pote (m) de vidro	тегла (ж)	tégla
lata (~ de cerveja)	лименка (ж)	límenka
abridor (m) de garrafa	отварач (м)	otvárač
abridor (m) de latas	отварач (м)	otvárač
saca-rolhas (m)	вадичеп (м)	vádičep
filtro (m)	филтар (м)	fíltar
filtrar (vt)	филтрирати (пг)	filtrírati
lixo (m)	смеће, ђубре (с)	smeće, đúbre
lixeira (f)	канта (ж) за ђубре	kánta za đúbre

67. Casa de banho

banheiro (m)	купатило (с)	kupátilo
água (f)	вода (ж)	vóda
torneira (f)	славина (ж)	slávina
água (f) quente	топла вода (ж)	tópla vóda
água (f) fria	хладна вода (ж)	hládna vóda
pasta (f) de dente	паста (ж) за зубе	pásta za zúbe
escovar os dentes	прати зубе	práti zúbe
escova (f) de dente	четкица (ж) за зубе	čétkica za zúbe
barbear-se (vr)	бријати се	bríjati se
espuma (f) de barbear	пена (ж) за бријање	péna za bríjanje
gilete (f)	бријач (м)	bríjač
lavar (vt)	прати (пг)	práti
tomar banho	купати се	kúpati se
chuveiro (m), ducha (f)	туш (м)	tuš
tomar uma ducha	туширати се	tušírati se
banheira (f)	када (ж)	káda
vaso (m) sanitário	ВЦ шоља (ж)	VC šólja
pia (f)	лавабо (м)	lavábo
sabonete (m)	сапун (м)	sápun
saboneteira (f)	кутија (ж) за сапун	kútija za sápun
esponja (f)	сунђер (м)	súnđer
xampu (m)	шампон (м)	šámpon
toalha (f)	пешкир (м)	péškir
roupão (m) de banho	баде мантил (м)	báde mántil

lavagem (f)	прање (c)	pránje
lavadora (f) de roupas	веш машина (ж)	veš mašína
lavar a roupa	прати веш	práti veš
detergente (m)	прашак (м) за веш	prášak za veš

68. Eletrodomésticos

televisor (m)	телевизор (м)	televízor
gravador (m)	касетофон (м)	kasetofon
videogravador (m)	видео рекордер (м)	vídeo rekórder
rádio (m)	радио (м)	rádio
leitor (m)	плејер (м)	pléjer

projetor (m)	видео пројектор (м)	vídeo projéktor
cinema (m) em casa	кућни биоскоп (м)	kúćni bíoskop
DVD Player (m)	ДВД плејер (м)	DVD plejer
amplificador (m)	појачало (c)	pojáčalo
console (f) de jogos	играћа конзола (ж)	ígraća konzóla

câmera (f) de vídeo	видеокамера (ж)	vídeokámera
máquina (f) fotográfica	фотоапарат (м)	fotoapárat
câmera (f) digital	дигитални фотоапарат (м)	dígitalni fotoapárat

aspirador (m)	усисивач (м)	usisívač
ferro (m) de passar	пегла (ж)	pégla
tábua (f) de passar	даска (ж) за пеглање	dáska za péglanje

telefone (m)	телефон (м)	teléfon
celular (m)	мобилни телефон (м)	móbilni teléfon
máquina (f) de escrever	писаћа машина (ж)	písaća mašína
máquina (f) de costura	шиваћа машина (ж)	šívaća mašína

microfone (m)	микрофон (м)	míkrofon
fone (m) de ouvido	слушалице (мн)	slúšalice
controle remoto (m)	даљински управљач (м)	daljínski uprávljač

CD (m)	ЦД диск (м)	CD disk
fita (f) cassete	касета (ж)	kaséta
disco (m) de vinil	плоча (ж)	plóča

ATIVIDADES HUMANAS

Emprego. Negócios. Parte 1

69. Escritório. O trabalho no escritório

escritório (~ de advogados)	биро (с)	bíro
escritório (do diretor, etc.)	кабинет (м)	kabínet
recepção (f)	рецепција (ж)	recépcija
secretário (m)	секретар (м)	sekrétar
secretária (f)	секретарица (ж)	sekretárica
diretor (m)	директор (м)	dírektor
gerente (m)	менаџер (м)	ménadžer
contador (m)	књиговођа (м)	knjígovođa
empregado (m)	радник (м)	rádnik
mobiliário (m)	намештај (м)	námeštaj
mesa (f)	сто (м)	sto
cadeira (f)	столица (ж)	stólica
gaveteiro (m)	мобилна касета (ж)	móbilna kaseta
cabideiro (m) de pé	чивилук (м)	číviluk
computador (m)	рачунар (м)	račúnar
impressora (f)	штампач (м)	štámpač
fax (m)	факс (м)	faks
fotocopiadora (f)	фотокопир (м)	fotokópir
papel (m)	папир (м)	pápir
artigos (m pl) de escritório	канцеларијски прибор (м)	kancelárijski príbor
tapete (m) para mouse	подлога (ж) за миша	pódloga za miša
folha (f)	лист (м)	list
pasta (f)	фасцикла (ж)	fáscikla
catálogo (m)	каталог (м)	katálog
lista (f) telefônica	телефонски именик (м)	teléfonski ímenik
documentação (f)	документација (ж)	dokumentácija
brochura (f)	брошура (ж)	brošúra
panfleto (m)	летак (м)	létak
amostra (f)	узорак (м)	úzorak
formação (f)	тренинг (м)	tréning
reunião (f)	састанак (м)	sástanak
hora (f) de almoço	пауза (ж) за ручак	páuza za rúčak
fazer uma cópia	направити копију	nápraviti kópiju
tirar cópias	направити копије	nápraviti kópije
receber um fax	примати факс	prímati faks

enviar um fax	послати факс	póslati faks
fazer uma chamada	позвати (пг)	pózvati
responder (vt)	јавити се	jáviti se
passar (vt)	повезати (пг)	povézati

marcar (vt)	наместити (пг)	námestiti
demonstrar (vt)	показати (пг)	pokázati
estar ausente	одсуствовати (нг)	ódsustvovati
ausência (f)	пропуштање (с)	propúštanje

70. Processos negociais. Parte 1

negócio (m)	посао (м)	pósao
ocupação (f)	занимање (с)	zanímanje
firma, empresa (f)	фирма (ж)	fírma
companhia (f)	компанија (ж)	kompánija
corporação (f)	корпорација (ж)	korporácija
empresa (f)	предузеће (с)	preduzéće
agência (f)	агенција (ж)	agéncija

acordo (documento)	споразум (м)	spórazum
contrato (m)	уговор (м)	úgovor
acordo (transação)	погодба (ж)	pógodba
pedido (m)	наруџбина (ж)	nárudžbina
termos (m pl)	услов (м)	úslov

por atacado	на велико	na véliko
por atacado (adj)	на велико	na véliko
venda (f) por atacado	велепродаја (ж)	velepródaja
a varejo	малопродајни	malopródajni
venda (f) a varejo	малопродаја (ж)	malopródaja

concorrente (m)	конкурент (м)	konkúrent
concorrência (f)	конкуренција (ж)	konkuréncija
competir (vi)	конкурисати (пг)	konkúrisati

sócio (m)	партнер (м)	pártner
parceria (f)	партнерство (с)	pártnerstvo

crise (f)	криза (ж)	kríza
falência (f)	банкротство (с)	bankrótstvo
entrar em falência	банкротирати (нг)	bankrotírati
dificuldade (f)	потешкоћа (ж)	poteškóća
problema (m)	проблем (м)	próblem
catástrofe (f)	катастрофа (ж)	katastrófa

economia (f)	економика (ж)	ekonómika
econômico (adj)	економски	ekónomski
recessão (f) econômica	економски пад (м)	ekónomski pad

objetivo (m)	циљ (м)	cilj
tarefa (f)	задатак (м)	zadátak
comerciar (vi, vt)	трговати (нг)	trgóvati
rede (de distribuição)	мрежа (ж)	mréža

estoque (m)	залихе (мн)	zálihe
sortimento (m)	асортиман (м)	asortíman
líder (m)	вођа (м)	vóđa
grande (~ empresa)	велик	vélik
monopólio (m)	монопол (м)	mónopol
teoria (f)	теорија (ж)	téorija
prática (f)	пракса (ж)	práksa
experiência (f)	искуство (с)	iskústvo
tendência (f)	тенденција (ж)	tendéncija
desenvolvimento (m)	развој (м)	rázvoj

71. Processos negociais. Parte 2

rentabilidade (f)	профит (м), добит (ж)	prófit, dóbit
rentável (adj)	пробитачан	próbitačan
delegação (f)	делегација (ж)	delegácija
salário, ordenado (m)	плата, зарада (ж)	pláta, zárada
corrigir (~ um erro)	исправљати (пг)	íspravljati
viagem (f) de negócios	службено путовање (с)	slúžbeno putovánje
comissão (f)	комисија (ж)	komísija
controlar (vt)	контролисати (пг)	kontrólisati
conferência (f)	конференција (ж)	konferéncija
licença (f)	лиценца (ж)	licénca
confiável (adj)	поуздан	póuzdan
empreendimento (m)	иницијатива (ж)	inicijatíva
norma (f)	норма (ж)	nórma
circunstância (f)	околност (ж)	okólnost
dever (do empregado)	дужност (ж)	dúžnost
empresa (f)	организација (ж)	organizácija
organização (f)	организација (ж)	organizácija
organizado (adj)	организован	orgánizovan
anulação (f)	отказивање (с)	otkazívanje
anular, cancelar (vt)	отказати (пг)	otkázati
relatório (m)	извештај (м)	ízveštaj
patente (f)	патент (м)	pátent
patentear (vt)	патентирати (пг)	patentírati
planejar (vt)	планирати (пг)	planírati
bônus (m)	бонус (м)	bónus
profissional (adj)	професионалан	prófesionalan
procedimento (m)	поступак (м)	póstupak
examinar (~ a questão)	размотрити (пг)	razmótriti
cálculo (m)	обрачун (м)	óbračun
reputação (f)	репутација (ж)	reputácija
risco (m)	ризик (м)	rízik
dirigir (~ uma empresa)	руководити (пг)	rukovóditi

informação (f)	информације (мн)	informácije
propriedade (f)	својина (ж)	svojína
união (f)	савез (м)	sávez

seguro (m) de vida	животно осигурање (с)	žívotno osigúranje
fazer um seguro	осигурати (пг)	osigúrati
seguro (m)	осигурање (с)	osigúranje

leilão (m)	лицитација (ж)	licitácija
notificar (vt)	обавестити (пг)	obavéstiti
gestão (f)	управљање (с)	úpravljanje
serviço (indústria de ~s)	услуга (ж)	úsluga

fórum (m)	форум (м)	fórum
funcionar (vi)	функционисати (нг)	funkcionísati
estágio (m)	етапа (ж)	etápa
jurídico, legal (adj)	правни	právni
advogado (m)	правник (м)	právnik

72. Produção. Trabalhos

usina (f)	фабрика (ж)	fábrika
fábrica (f)	фабрика (ж)	fábrika
oficina (f)	радионица (ж)	radiónica
local (m) de produção	производња (ж)	próizvodnja

indústria (f)	индустрија (ж)	indústrija
industrial (adj)	индустријски	indústrijski
indústria (f) pesada	тешка индустрија (ж)	téška indústrija
indústria (f) ligeira	лака индустрија (ж)	láka indústrija

produção (f)	производ (м)	próizvod
produzir (vt)	производити (пг)	proizvóditi
matérias-primas (f pl)	сировине (мн)	sírovine

chefe (m) de obras	бригадир, предрадник (м)	brigádir, prédradnik
equipe (f)	екипа (ж)	ekípa
operário (m)	радник (м)	rádnik

dia (m) de trabalho	радни дан (м)	rádni dan
intervalo (m)	станка (ж)	stánka
reunião (f)	састанак (м)	sástanak
discutir (vt)	расправљати (пг)	ráspravljati

plano (m)	план (м)	plan
cumprir o plano	испунити план	íspuniti plan
taxa (f) de produção	норма (ж) производње	nórma próizvodnje
qualidade (f)	квалитет (м)	kvalítet
controle (m)	контрола (ж)	kontróla
controle (m) da qualidade	контрола (ж) квалитета	kontróla kvalitéta

segurança (f) no trabalho	безбедност (ж) на раду	bezbédnost na rádu
disciplina (f)	дисциплина (ж)	disciplína
infração (f)	кршење (с)	kŕšenje

violar (as regras)	кршити (пг)	kŕšiti
greve (f)	штрајк (м)	štrajk
grevista (m)	штрајкач (м)	štrájkač
estar em greve	штрајковати (нг)	štrájkovati
sindicato (m)	синдикат (м)	sindíkat
inventar (vt)	проналазити (пг)	pronálaziti
invenção (f)	проналазак, изум (м)	pronálazak, ízum
pesquisa (f)	истраживање (с)	istražívanje
melhorar (vt)	побољшати (пг)	pobóljšati
tecnologia (f)	технологија (ж)	tehnológija
desenho (m) técnico	цртеж (м)	cŕtež
carga (f)	терет (м)	téret
carregador (m)	утоваривач (м)	utovarívač
carregar (o caminhão, etc.)	товарити (пг)	tóvariti
carregamento (m)	утовар (м)	útovar
descarregar (vt)	истоваривати (пг)	istovarívati
descarga (f)	истовар (м)	ístovar
transporte (m)	превоз (м)	prévoz
companhia (f) de transporte	транспортно предузеће (с)	tránsportno preduzéće
transportar (vt)	превозити (пг)	prevóziti
vagão (m) de carga	теретни вагон (м)	téretni vágon
tanque (m)	цистерна (ж)	cistérna
caminhão (m)	камион (м)	kamíon
máquina (f) operatriz	строј (м), машина (ж) токарски	stroj, mašina токарски
mecanismo (m)	механизам (м)	mehanízam
resíduos (m pl) industriais	отпад (м)	ótpad
embalagem (f)	паковање (с)	pákovanje
embalar (vt)	упаковати (пг)	upakóvati

73. Contrato. Acordo

contrato (m)	уговор (м)	úgovor
acordo (m)	споразум (м)	spórazum
adendo, anexo (m)	прилог (м)	prílog
assinar o contrato	склопити уговор	sklópiti úgovor
assinatura (f)	потпис (м)	pótpis
assinar (vt)	потписати (пг)	potpísati
carimbo (m)	печат (м)	péčat
objeto (m) do contrato	предмет (м) уговора	prédmet úgovora
cláusula (f)	тачка (ж)	táčka
partes (f pl)	стране (мн)	stráne
domicílio (m) legal	легална адреса (ж)	légalna adrésa
violar o contrato	прекршити уговор	prékršiti úgovor
obrigação (f)	обавеза (ж)	óbaveza

responsabilidade (f)	одговорност (ж)	odgovórnost
força (f) maior	виша сила (ж)	viša sila
litígio (m), disputa (f)	спор (м)	spor
multas (f pl)	казне (мн)	kázne

74. Importação & Exportação

importação (f)	увоз (м)	úvoz
importador (m)	увозник (м)	úvoznik
importar (vt)	импортирати, увозити	importírati, uvóziti
de importação	увозни	úvozni

exportação (f)	извоз (м)	ízvoz
exportador (m)	извозник (м)	ízvoznik
exportar (vt)	извозити (пг)	izvóziti
de exportação	извозни	ízvozni

| mercadoria (f) | роба (ж) | róba |
| lote (de mercadorias) | партија (ж) | pártija |

peso (m)	тежина (ж)	težína
volume (m)	запремина (ж)	zápremina
metro (m) cúbico	кубни метар (м)	kúbni métar

produtor (m)	произвођач (м)	proizvóđač
companhia (f) de transporte	превозник (м)	prévoznik
contêiner (m)	контејнер (м)	kontéjner

fronteira (f)	граница (ж)	gránica
alfândega (f)	царина (ж)	cárina
taxa (f) alfandegária	царинска дажбина (ж)	cárinska dážbina
funcionário (m) da alfândega	цариник (м)	cárinik
contrabando (atividade)	шверц (м)	šverc
contrabando (produtos)	шверцована роба (ж)	švércovana róba

75. Finanças

ação (f)	акција (ж)	ákcija
obrigação (f)	обвезница (ж)	óbveznica
nota (f) promissória	меница (ж)	ménica

| bolsa (f) de valores | берза (ж) | bérza |
| cotação (m) das ações | цена (ж) акција | céna ákcija |

| tornar-se mais barato | појефтинити (нг) | pojeftíniti |
| tornar-se mais caro | поскупјети (нг) | poskúpjeti |

parte (f)	удео (м)	údeo
participação (f) majoritária	контролни пакет (м)	kóntrolni páket
investimento (m)	инвестиција (ж)	investícija
investir (vt)	инвестирати (нг, пг)	investírati
porcentagem (f)	проценат, постотак (м)	prócenat, póstotak

juros (m pl)	камата (ж)	kámata
lucro (m)	профит (м)	prófit
lucrativo (adj)	профитабилан	prófitabilan
imposto (m)	порез (м)	pórez

divisa (f)	валута (ж)	valúta
nacional (adj)	национални	nacionálni
câmbio (m)	размена (ж)	rázmena

contador (m)	књиговођа (м)	knjígovođa
contabilidade (f)	књиговодство (с)	knjigovódstvo

falência (f)	банкротство (с)	bankrótstvo
falência, quebra (f)	крах (м)	krah
ruína (f)	пропаст (ж)	própast
estar quebrado	пропасти (нг)	própasti
inflação (f)	инфлација (ж)	inflácija
desvalorização (f)	девалвација (ж)	devalvácija

capital (m)	капитал (м)	kapítal
rendimento (m)	приход (м)	príhod
volume (m) de negócios	промет (м)	prómet
recursos (m pl)	ресурси (мн)	resúrsi
recursos (m pl) financeiros	новац (м)	nóvac
despesas (f pl) gerais	режијски трошкови (мн)	réžijski tróškovi
reduzir (vt)	смањити (нг)	smánjiti

76. Marketing

marketing (m)	маркетинг (м)	márketing
mercado (m)	тржиште (с)	tržíšte
segmento (m) do mercado	тржишни сегмент (м)	tržíšni ségment
produto (m)	производ (м)	proízvod
mercadoria (f)	роба (ж)	róba

marca (f)	марка (ж), бренд (м)	márka, brend
marca (f) registrada	заштитни знак (м)	záštitni znak
logotipo (m)	логотип, лого (м)	lógotip, lógo
logo (m)	лого (м)	lógo

demanda (f)	потражња (ж)	pótražnja
oferta (f)	понуда (ж)	pónuda
necessidade (f)	потреба (ж)	pótreba
consumidor (m)	потрошач (м)	potróšač

análise (f)	анализа (ж)	analíza
analisar (vt)	анализирати (нг)	analizírati

posicionamento (m)	позиционирање (с)	pozicioníranje
posicionar (vt)	позиционирати (нг)	pozicioírati

preço (m)	цена (ж)	céna
política (f) de preços	политика (ж) цена	polítika céna
formação (f) de preços	формирање (с) цена	formíranje céna

77. Publicidade

publicidade (f)	реклама (ж)	rekláma
fazer publicidade	рекламирати (пг)	reklamírati
orçamento (m)	буџет (м)	búdžet
anúncio (m)	реклама (ж)	rekláma
publicidade (f) na TV	телевизијска реклама (ж)	televízijska rekláma
publicidade (f) na rádio	радио оглашавање (с)	rádio oglašávanje
publicidade (f) exterior	спољна реклама (ж)	spóljna réklama
comunicação (f) de massa	масовни медији (мн)	másovni médiji
periódico (m)	периодично издање (с)	periódično izdánje
imagem (f)	имиџ (м)	ímidž
slogan (m)	слоган (м)	slógan
mote (m), lema (f)	девиза (ж)	devíza
campanha (f)	кампања (ж)	kampánja
campanha (f) publicitária	рекламна кампања (ж)	réklamna kampánja
grupo (m) alvo	циљна група (ж)	cíljna grúpa
cartão (m) de visita	визиткарта (ж)	vízitkarta
panfleto (m)	летак (м)	létak
brochura (f)	брошура (ж)	brošúra
folheto (m)	брошура (ж)	brošúra
boletim (~ informativo)	билтен (м)	bílten
letreiro (m)	натпис (м)	nátpis
cartaz, pôster (m)	плакат (м)	plákat
painel (m) publicitário	билборд (м)	bílbord

78. Banca

banco (m)	банка (ж)	bánka
balcão (f)	експозитура (ж)	ekspozitúra
consultor (m) bancário	банкарски службеник (м)	bánkarski slúžbenik
gerente (m)	менаџер (м)	ménadžer
conta (f)	рачун (м)	ráčun
número (m) da conta	број (м) рачуна	broj račúna
conta (f) corrente	текући рачун (м)	tékući ráčun
conta (f) poupança	штедни рачун (м)	štédni ráčun
abrir uma conta	отворити рачун	ótvoriti ráčun
fechar uma conta	затворити рачун	zatvóriti ráčun
depositar na conta	поставити на рачун	póstaviti na ráčun
sacar (vt)	подићи са рачуна	pódići sa račúna
depósito (m)	депозит (м)	depózit
fazer um depósito	ставити новац на рачун	stáviti nóvac na ráčun
transferência (f) bancária	трансфер (м) новца	tránsfer nóvca

transferir (vt)	послати новац	póslati nóvac
soma (f)	износ (м)	íznos
Quanto?	Колико?	Kolíko?

assinatura (f)	потпис (м)	pótpis
assinar (vt)	потписати (пг)	potpísati

cartão (m) de crédito	кредитна картица (ж)	kréditna kártica
senha (f)	код (м)	kod
número (m) do cartão de crédito	број (м) кредитне картице	broj kréditne kártice
caixa (m) eletrônico	банкомат (м)	bánkomat

cheque (m)	чек (м)	ček
passar um cheque	написати чек	napísati ček
talão (m) de cheques	чековна књижица (ж)	čékovna knjížica

empréstimo (m)	кредит (м)	krédit
pedir um empréstimo	затражити кредит	zátražiti krédit
obter empréstimo	узимати кредит	uzímati krédit
dar um empréstimo	давати кредит	dávati krédit
garantia (f)	гаранција (ж)	garáncija

79. Telefone. Conversação telefônica

telefone (m)	телефон (м)	teléfon
celular (m)	мобилни телефон (м)	móbilni teléfon
secretária (f) eletrônica	секретарица (ж)	sekretárica

fazer uma chamada	звати (пг)	zváti
chamada (f)	позив (м)	póziv

discar um número	позвати број	pózvati broj
Alô!	Хало!	Hálo!
perguntar (vt)	упитати (пг)	upítati
responder (vt)	јавити се	jáviti se

ouvir (vt)	чути (нг, пг)	čúti
bem	добро	dóbro
mal	лоше	loše
ruído (m)	сметње (мн)	smétnje

fone (m)	слушалица (ж)	slúšalica
pegar o telefone	подићи слушалицу	pódići slúšalicu
desligar (vi)	спустити слушалицу	spústiti slúšalicu

ocupado (adj)	заузето	záuzeto
tocar (vi)	звонити (нг)	zvóniti
lista (f) telefônica	телефонски именик (м)	teléfonski ímenik
local (adj)	локалан	lókalan
chamada (f) local	локални позив (м)	lókalni póziv
de longa distância	међуградски	međugrádski
chamada (f) de longa distância	међуградски позив (м)	međugrádski póziv

internacional (adj)	међународни	međunárodni
chamada (f) internacional	међународни позив (м)	međunárodni póziv

80. Telefone móvel

celular (m)	мобилни телефон (м)	móbilni teléfon
tela (f)	дисплеј (м)	displéj
botão (m)	дугме (с)	dúgme
cartão SIM (m)	СИМ картица (ж)	SIM kártica
bateria (f)	батерија (ж)	báterija
descarregar-se (vr)	испразнити се	isprázniti se
carregador (m)	пуњач (м)	púnjač
menu (m)	мени (м)	méni
configurações (f pl)	подешавања (мн)	podešávanja
melodia (f)	мелодија (ж)	mélodija
escolher (vt)	изабрати (пг)	izábrati
calculadora (f)	калкулатор (м)	kalkulátor
correio (m) de voz	говорна пошта (ж)	góvorna póšta
despertador (m)	будилник (м)	búdilnik
contatos (m pl)	контакти (мн)	kóntakti
mensagem (f) de texto	СМС порука (ж)	SMS póruka
assinante (m)	претплатник (м)	prétplatnik

81. Estacionário

caneta (f)	хемијска оловка (ж)	hémijska ólovka
caneta (f) tinteiro	наливперо (с)	nálivpero
lápis (m)	оловка (ж)	ólovka
marcador (m) de texto	маркер (м)	márker
caneta (f) hidrográfica	фломастер (м)	flómaster
bloco (m) de notas	нотес (м)	nótes
agenda (f)	роковник (м)	rokóvnik
régua (f)	лењир (м)	lénjir
calculadora (f)	калкулатор (м)	kalkulátor
borracha (f)	гумица (ж)	gúmica
alfinete (m)	пајснадла (ж)	pájsnadla
clipe (m)	спајалица (ж)	spájalica
cola (f)	лепак (м)	lépak
grampeador (m)	хефталица (ж)	héftalica
furador (m) de papel	бушилица (ж) за папир	búšilica za pápir
apontador (m)	резач (м)	rézač

82. Tipos de negócios

serviços (m pl) de contabilidade	рачуноводствене услуге (мн)	računovódstvene úsluge
publicidade (f)	реклама (ж)	rekláma
agência (f) de publicidade	рекламна агенција (ж)	réklamna agéncija
ar (m) condicionado	клима уређаји (мн)	klíma úređaji
companhia (f) aérea	авио-компанија (ж)	ávio-kompánija
bebidas (f pl) alcoólicas	алкохолна пића (мн)	álkoholna píća
comércio (m) de antiguidades	антиквитет (м)	antikvitét
galeria (f) de arte	уметничка галерија (ж)	umétnička gálerija
serviços (m pl) de auditoria	ревизорске услуге (мн)	revízorske úsluge
negócios (m pl) bancários	банкарство (с)	bankárstvo
bar (m)	бар (м)	bar
salão (m) de beleza	козметички салон (м)	kozmétički sálon
livraria (f)	књижара (ж)	knjížara
cervejaria (f)	пивара (ж)	pívara
centro (m) de escritórios	пословни центар (м)	póslovni céntar
escola (f) de negócios	пословна школа (ж)	póslovna škóla
cassino (m)	коцкарница (ж)	kóckarnica
construção (f)	грађевинарство (с)	građevinárstvo
consultoria (f)	консалтинг (м)	konsálting
clínica (f) dentária	стоматологија (ж)	stomatológija
design (m)	дизајн (м)	dízajn
drogaria (f)	апотека (ж)	apotéka
lavanderia (f)	хемијско чишћење (с)	hémijsko číšćenje
agência (f) de emprego	регрутна агенција (ж)	régrutna agéncija
serviços (m pl) financeiros	финансијске услуге (мн)	finánsijske úsluge
alimentos (m pl)	намирнице (мн)	námirnice
funerária (f)	погребно предузеће (с)	pógrebno preduzéće
mobiliário (m)	намештај (м)	námeštaj
roupa (f)	одећа (ж)	ódeća
hotel (m)	хотел (м)	hótel
sorvete (m)	сладолед (м)	sládoled
indústria (f)	индустрија (ж)	indústrija
seguro (~ de vida, etc.)	осигурање (с)	osiguránje
internet (f)	интернет (м)	ínternet
investimento (m)	инвестиције (мн)	investícije
joalheiro (m)	златар (м)	zlátar
joias (f pl)	накит (м)	nákit
lavanderia (f)	перионица (ж)	periónica
assessorias (f pl) jurídicas	правне услуге (мн)	právne úsluge
indústria (f) ligeira	лака индустрија (ж)	láka indústrija
revista (f)	часопис (м)	čásopis
vendas (f pl) por catálogo	каталошка продаја (ж)	katáloška pródaja
medicina (f)	медицина (ж)	medicína
cinema (m)	биоскоп (м)	bíoskop

museu (m)	музеј (м)	múzej
agência (f) de notícias	новинска агенција (ж)	nóvinska agéncija
jornal (m)	новине (мн)	nóvine
boate (casa noturna)	ноћни клуб (м)	nóćni klub
petróleo (m)	нафта (ж)	náfta
serviços (m pl) de remessa	курирска служба (ж)	kúrirska slúžba
indústria (f) farmacêutica	фармацеутика (ж)	farmacéutika
tipografia (f)	полиграфија (ж)	poligráfija
editora (f)	издавачка кућа (ж)	izdávačka kúća
rádio (m)	радио (м)	rádio
imobiliário (m)	некретнина (ж)	nekretnína
restaurante (m)	ресторан (м)	restóran
empresa (f) de segurança	агенција (ж) за обезбеђење	agéncija za obezbeđénje
esporte (m)	спорт (м)	sport
bolsa (f) de valores	берза (ж)	bérza
loja (f)	продавница (ж)	pródavnica
supermercado (m)	супермаркет (м)	supermárket
piscina (f)	базен (м)	bázen
alfaiataria (f)	кројачка радња (ж)	krójačka rádnja
televisão (f)	телевизија (ж)	televízija
teatro (m)	позориште (с)	pózorište
comércio (m)	трговина (ж)	trgóvina
serviços (m pl) de transporte	превоз (м)	prévoz
viagens (f pl)	туризам (м)	turízam
veterinário (m)	ветеринар (м)	veterínar
armazém (m)	складиште (с)	skládište
recolha (f) do lixo	одношење (с) смећа	ódnošenje sméća

Emprego. Negócios. Parte 2

83. Espetáculo. Feira

feira, exposição (f)	изложба (ж)	ízložba
feira (f) comercial	трговински сајам (м)	trgóvinski sájam
participação (f)	учешће (с)	účešće
participar (vi)	учествовати (нг)	účestvovati
participante (m)	учесник (м)	účesnik
diretor (m)	директор (м)	dírektor
direção (f)	дирекција (ж)	dirékcija
organizador (m)	организатор (м)	organízator
organizar (vt)	организовати (нг)	orgánizovati
ficha (f) de inscrição	пријава (ж) за излагаче	príjava za izlagače
preencher (vt)	попунити (нг)	pópuniti
detalhes (m pl)	детаљи (мн)	détalji
informação (f)	информација (ж)	informácija
preço (m)	цена (ж)	céna
incluindo	укључујући	ukljúčujući
incluir (vt)	укључивати (нг)	uključívati
pagar (vt)	платити (нг, пг)	plátiti
taxa (f) de inscrição	уписнина (ж)	upisnína
entrada (f)	улаз (м)	úlaz
pavilhão (m), salão (f)	павиљон (м)	pavíljon
inscrever (vt)	регистровати (нг)	régistrovati
crachá (m)	беџ (м), ИД картица (ж)	bédž, ID kartica
stand (m)	штанд (м)	štand
reservar (vt)	резервисати (нг)	rezervísati
vitrine (f)	витрина (ж)	vitrína
lâmpada (f)	рефлектор (м)	réflektor
design (m)	дизајн (м)	dízajn
pôr (posicionar)	смештати (нг)	sméštati
ser colocado, -a	бити постављен	bíti póstavljen
distribuidor (m)	дистрибутер (м)	distribúter
fornecedor (m)	добављач (м)	dobávljač
fornecer (vt)	снабдевати (нг)	snabdévati
país (m)	земља (ж)	zémlja
estrangeiro (adj)	стран	stran
produto (m)	производ (м)	proízvod
associação (f)	удружење (с)	udružénje
sala (f) de conferência	сала (ж) за конференције	sála za konferéncije

congresso (m)	конгрес (м)	kóngres
concurso (m)	конкурс (м)	kónkurs
visitante (m)	посетилац (м)	posétilac
visitar (vt)	посећивати (пг)	posećívati
cliente (m)	муштерија (м)	muštérija

84. Ciência. Investigação. Cientistas

ciência (f)	наука (ж)	náuka
científico (adj)	научни	náučni
cientista (m)	научник (м)	náučnik
teoria (f)	теорија (ж)	téorija
axioma (m)	аксиом (м)	aksíom
análise (f)	анализа (ж)	analíza
analisar (vt)	анализирати (пг)	analizírati
argumento (m)	аргумент (м)	argúment
substância (f)	материја, супстанца (ж)	máterija, supstánca
hipótese (f)	хипотеза (ж)	hipotéza
dilema (m)	дилема (ж)	diléma
tese (f)	дисертација (ж)	disertácija
dogma (m)	догма (ж)	dógma
doutrina (f)	доктрина (ж)	doktrína
pesquisa (f)	истраживање (c)	istražívanje
pesquisar (vt)	истраживати (пг)	istražívati
testes (m pl)	контрола (ж)	kontróla
laboratório (m)	лабораторија (ж)	laboratórija
método (m)	метода (ж)	metóda
molécula (f)	молекул (м)	molékul
monitoramento (m)	мониторинг, надзор (м)	monitóring, nádzor
descoberta (f)	откриће (c)	otkríće
postulado (m)	постулат (м)	postúlat
princípio (m)	принцип (м)	príncip
prognóstico (previsão)	прогноза (ж)	prognóza
prognosticar (vt)	прогнозирати (пг)	prognozírati
síntese (f)	синтеза (ж)	sintéza
tendência (f)	тенденција (ж)	tendéncija
teorema (m)	теорема (ж)	teoréma
ensinamentos (m pl)	учење (c)	účenje
fato (m)	чињеница (ж)	čínjenica
expedição (f)	експедиција (ж)	ekspedícija
experiência (f)	експеримент (м)	eksperíment
acadêmico (m)	академик (м)	akadémik
bacharel (m)	бакалавр (м)	bákalavr
doutor (m)	доктор (м)	dóktor
professor (m) associado	доцент (м)	dócent

mestrado (m)	**магистар** (м)	magístar
professor (m)	**професор** (м)	prófesor

Profissões e ocupações

85. Procura de emprego. Demissão

trabalho (m)	посао (м)	pósao
equipe (f)	особље (с)	ósoblje
pessoal (m)	особље (с)	ósoblje
carreira (f)	каријера (ж)	karijéra
perspectivas (f pl)	изгледи (мн)	ízgledi
habilidades (f pl)	мајсторство (с)	májstorstvo
seleção (f)	одабирање (с)	odábiranje
agência (f) de emprego	регрутна агенција (ж)	régrutna agéncija
currículo (m)	резиме (м)	rezíme
entrevista (f) de emprego	разговор (м) за посао	rázgovor za pósao
vaga (f)	слободно место (с)	slóbodno mésto
salário (m)	плата, зарада (ж)	pláta, zárada
salário (m) fixo	фиксна зарада (ж)	fíksna zárada
pagamento (m)	плата (ж)	pláta
cargo (m)	положај (м)	pôložaj
dever (do empregado)	дужност (ж)	dúžnost
gama (f) de deveres	радни задаци (мн)	rádni zadáci
ocupado (adj)	заузет	záuzet
despedir, demitir (vt)	отпустити (пг)	otpústiti
demissão (f)	отпуст (м)	ótpust
desemprego (m)	незапосленост (ж)	nezáposlenost
desempregado (m)	незапослен (м)	nezáposlen
aposentadoria (f)	пензија (ж)	pénzija
aposentar-se (vr)	отићи у пензију	ótići u pénziju

86. Gente de negócios

diretor (m)	директор (м)	dírektor
gerente (m)	менаџер (м)	ménadžer
patrão, chefe (m)	шеф (м)	šef
superior (m)	шеф, начелник (м)	šef, náčelnik
superiores (m pl)	руководство (с)	rúkovodstvo
presidente (m)	председник (м)	prédsednik
chairman (m)	председник (м)	prédsednik
substituto (m)	заменик (м)	zámenik
assistente (m)	помоћник (м)	pomóćnik
secretário (m)	секретар (м),	sekrétar,
	секретарица (ж)	sekretárica

secretário (m) pessoal	лични секретар (м)	líčni sekrétar
homem (m) de negócios	бизнисмен (м)	bíznismen
empreendedor (m)	предузетник (м)	preduzétnik
fundador (m)	оснивач (м)	osnívač
fundar (vt)	основати (пг)	osnóvati
principiador (m)	оснивач (м)	osnívač
parceiro, sócio (m)	партнер (м)	pártner
acionista (m)	акционар (м)	akciónar
milionário (m)	милионер (м)	milióner
bilionário (m)	милијардер (м)	milijárder
proprietário (m)	власник (м)	vlásnik
proprietário (m) de terras	земљопоседник (м)	zemljopósednik
cliente (m)	клијент (м)	klíjent
cliente (m) habitual	стална муштерија (м)	stálna múšterija
comprador (m)	купац (м)	kúpac
visitante (m)	посетилац (м)	posétilac
profissional (m)	професионалац (м)	profesionálac
perito (m)	експерт (м)	ékspert
especialista (m)	стручњак (м)	strúčnjak
banqueiro (m)	банкар (м)	bánkar
corretor (m)	брокер (м)	bróker
caixa (m, f)	благајник (м)	blágajnik
contador (m)	књиговођа (м)	knjígovođa
guarda (m)	чувар (м)	čúvar
investidor (m)	инвеститор (м)	invéstitor
devedor (m)	дужник (м)	dúžnik
credor (m)	зајмодавац, поверилац (м)	zajmodávac, povérilac
mutuário (m)	зајмопримац (м)	zajmoprímac
importador (m)	увозник (м)	úvoznik
exportador (m)	извозник (м)	ízvoznik
produtor (m)	произвођач (м)	proizvóđač
distribuidor (m)	дистрибутер (м)	distribúter
intermediário (m)	посредник (м)	pósrednik
consultor (m)	саветодавац (м)	savetodávac
representante comercial	представник (м)	préstavnik
agente (m)	агент (м)	ágent
agente (m) de seguros	агент (м) осигурања	ágent osiguránja

87. Profissões de serviços

cozinheiro (m)	кувар (м)	kúvar
chefe (m) de cozinha	главни кувар (м)	glávni kúvar
padeiro (m)	пекар (м)	pékar
barman (m)	бармен (м)	bármen

| garçom (m) | конобар (м) | kónobar |
| garçonete (f) | конобарица (ж) | konobárica |

advogado (m)	адвокат (м)	advókat
jurista (m)	правник (м)	právnik
notário (m)	јавни бележник (м)	jávni béležnik

eletricista (m)	електричар (м)	eléktričar
encanador (m)	водоинсталатер (м)	vodoinstaláter
carpinteiro (m)	столар (м)	stólar

massagista (m)	масер (м)	máser
massagista (f)	масерка (ж)	máserka
médico (m)	лекар (м)	lékar

taxista (m)	таксиста (м)	táksista
condutor (automobilista)	возач (м)	vózač
entregador (m)	курир (м)	kúrir

camareira (f)	собарица (ж)	sóbarica
guarda (m)	чувар (м)	čúvar
aeromoça (f)	стјуардеса (ж)	stjuardésa

professor (m)	учитељ (м)	účitelj
bibliotecário (m)	библиотекар (м)	bibliotékar
tradutor (m)	преводилац (м)	prevódilac
intérprete (m)	преводилац (м)	prevódilac
guia (m)	водич (м)	vódič

cabeleireiro (m)	фризер (м)	frízer
carteiro (m)	поштар (м)	póštar
vendedor (m)	продавач (м)	prodávač

jardineiro (m)	баштован (м)	báštovan
criado (m)	слуга (м)	slúga
criada (f)	слушкиња (ж)	slúškinja
empregada (f) de limpeza	чистачица (ж)	čistáčica

88. Profissões militares e postos

soldado (m) raso	редов (м)	rédov
sargento (m)	наредник (м)	nárednik
tenente (m)	поручник (м)	póručnik
capitão (m)	капетан (м)	kapétan

major (m)	мајор (м)	májor
coronel (m)	пуковник (м)	púkovnik
general (m)	генерал (м)	genéral
marechal (m)	маршал (м)	máršal
almirante (m)	адмирал (м)	admíral

militar (m)	војно лице (с)	vójno líce
soldado (m)	војник (м)	vójnik
oficial (m)	официр (м)	ofícir

comandante (m)	командант (м)	komándant
guarda (m) de fronteira	граничар (м)	gráničar
operador (m) de rádio	радио оператер (м)	rádio operáter
explorador (m)	извиђач (м)	izvíđač
sapador-mineiro (m)	деминер (м)	demíner
atirador (m)	стрелац (м)	strélac
navegador (m)	навигатор (м)	navígator

89. Oficiais. Padres

rei (m)	краљ (м)	kralj
rainha (f)	краљица (ж)	králjica

príncipe (m)	принц (м)	princ
princesa (f)	принцеза (ж)	princéza

czar (m)	цар (м)	car
czarina (f)	царица (ж)	cárica

presidente (m)	председник (м)	prédsednik
ministro (m)	министар (м)	mínistar
primeiro-ministro (m)	премијер (м)	prémijer
senador (m)	сенатор (м)	sénator

diplomata (m)	дипломат (м)	diplómat
cônsul (m)	конзул (м)	kónzul
embaixador (m)	амбасадор (м)	ambásador
conselheiro (m)	саветник (м)	sávetnik

funcionário (m)	чиновник (м)	činóvnik
prefeito (m)	префект (м)	préfekt
Presidente (m) da Câmara	градоначелник (м)	gradonáčelnik

juiz (m)	судија (м)	súdija
procurador (m)	тужилац (м)	túžilac

missionário (m)	мисионар (м)	misiónar
monge (m)	монах (м)	mónah
abade (m)	опат (м)	ópat
rabino (m)	рабин (м)	rábin

vizir (m)	везир (м)	vézir
xá (m)	шах (м)	šah
xeique (m)	шеик (м)	šéik

90. Profissões agrícolas

abelheiro (m)	пчелар (м)	pčélar
pastor (m)	пастир, чобан (м)	pástir, čóban
agrônomo (m)	агроном (м)	agrónom
criador (m) de gado	сточар (м)	stóčar
veterinário (m)	ветеринар (м)	veterínar

agricultor, fazendeiro (m)	фармер (м)	fármer
vinicultor (m)	винар (м)	vínar
zoólogo (m)	зоолог (м)	zoólog
vaqueiro (m)	каубој (м)	káuboj

91. Profissões artísticas

| ator (m) | глумац (м) | glúmac |
| atriz (f) | глумица (ж) | glúmica |

| cantor (m) | певач (м) | pévač |
| cantora (f) | певачица (ж) | peváčica |

| bailarino (m) | плесач (м) | plésač |
| bailarina (f) | плесачица (ж) | plesáčica |

| artista (m) | Уметник (м) | Úmetnik |
| artista (f) | Уметница (ж) | Úmetnica |

músico (m)	музичар (м)	múzičar
pianista (m)	пијаниста (м)	pijanísta
guitarrista (m)	гитариста (м)	gitárista

maestro (m)	диригент (м)	dírigent
compositor (m)	композитор (м)	kompózitor
empresário (m)	импресарио (м)	impresário

diretor (m) de cinema	редитељ (м)	réditelj
produtor (m)	продуцент (м)	prodúcent
roteirista (m)	сценариста (м)	scenárista
crítico (m)	критичар (м)	krítičar

escritor (m)	писац (м)	písac
poeta (m)	песник (м)	pésnik
escultor (m)	вајар (м)	vájar
pintor (m)	сликар (м)	slíkar

malabarista (m)	жонглер (м)	žóngler
palhaço (m)	кловн (м)	klovn
acrobata (m)	акробата (м)	akróbata
ilusionista (m)	мађионичар (м)	mađióničar

92. Várias profissões

médico (m)	лекар (м)	lékar
enfermeira (f)	медицинска сестра (ж)	médicinska séstra
psiquiatra (m)	психијатар (м)	psihijátar
dentista (m)	стоматолог (м)	stomatólog
cirurgião (m)	хирург (м)	hírurg

| astronauta (m) | астронаут (м) | astronáut |
| astrônomo (m) | астроном (м) | astrónom |

piloto (m)	пилот (м)	pílot
motorista (m)	возач (м)	vózač
maquinista (m)	машиновођа (м)	mašinóvođa
mecânico (m)	механичар (м)	meháničar
mineiro (m)	рудар (м)	rúdar
operário (m)	радник (м)	rádnik
serralheiro (m)	бравар (м)	brávar
marceneiro (m)	столар (м)	stólar
torneiro (m)	стругар (м)	strúgar
construtor (m)	грађевинар (м)	građevínar
soldador (m)	варилац (м)	várilac
professor (m)	професор (м)	prófesor
arquiteto (m)	архитекта (м)	arhitékta
historiador (m)	историчар (м)	istóričar
cientista (m)	научник (м)	náučnik
físico (m)	физичар (м)	fízičar
químico (m)	хемичар (м)	hémičar
arqueólogo (m)	археолог (м)	arheólog
geólogo (m)	геолог (м)	geólog
pesquisador (cientista)	истраживач (м)	istražívač
babysitter, babá (f)	дадиља (ж)	dádilja
professor (m)	учитељ, наставник (м)	účitelj, nástavnik
redator (m)	уредник (м)	úrednik
redator-chefe (m)	главни уредник (м)	glávni úrednik
correspondente (m)	дописник (м)	dópisnik
datilógrafa (f)	дактилографкиња (ж)	daktilógrafkinja
designer (m)	дизајнер (м)	dizájner
especialista (m) em informática	компјутерски стручњак (м)	kompjúterski strúčnjak
programador (m)	програмер (м)	prográmer
engenheiro (m)	инжењер (м)	inžénjer
marujo (m)	поморац, морнар (м)	pómorac, mórnar
marinheiro (m)	морнар (м)	mórnar
socorrista (m)	спасилац (м)	spásilac
bombeiro (m)	ватрогасац (м)	vatrogásac
polícia (m)	полицајац (м)	policájac
guarda-noturno (m)	чувар (м)	čúvar
detetive (m)	детектив (м)	detéktiv
funcionário (m) da alfândega	цариник (м)	cárinik
guarda-costas (m)	телохранитељ (м)	telohránitelj
guarda (m) prisional	чувар (м)	čúvar
inspetor (m)	инспектор (м)	ínspektor
esportista (m)	спортиста (м)	sportísta
treinador (m)	тренер (м)	tréner
açougueiro (m)	касапин (м)	kásapin
sapateiro (m)	обућар (м)	óbućar

| comerciante (m) | трговац (м) | tŕgovac |
| carregador (m) | утоваривач (м) | utovarívač |

| estilista (m) | модни креатор (м) | módni kreátor |
| modelo (f) | манекенка (ж) | manékenka |

93. Ocupações. Estatuto social

| estudante (~ de escola) | ђак (м) | đak |
| estudante (~ universitária) | студент (м) | stúdent |

filósofo (m)	философ (м)	filózof
economista (m)	економиста (м)	ekonómista
inventor (m)	проналазач (м)	pronalázač

desempregado (m)	незапослен (м)	nezáposlen
aposentado (m)	пензионер (м)	penzióner
espião (m)	шпијун (м)	špíjun

preso, prisioneiro (m)	затвореник (м)	zatvorénik
grevista (m)	штрајкач (м)	štrájkač
burocrata (m)	бирократа (м)	birókrata
viajante (m)	путник (м)	pútnik

homossexual (m)	хомосексуалац (м)	homoseksuálac
hacker (m)	хакер (м)	háker
hippie (m, f)	хипији (мн)	hípiji

bandido (m)	бандит (м)	bándit
assassino (m)	плаћени убица (м)	pláćeni úbica
drogado (m)	наркоман (м)	nárkoman
traficante (m)	продавац (м) дроге	prodávac dróge
prostituta (f)	проститутка (ж)	próstitutka
cafetão (m)	макро (м)	mákro

bruxo (m)	чаробњак (м)	čaróbnjak
bruxa (f)	чаробница (ж)	čárobnica
pirata (m)	гусар (м)	gúsar
escravo (m)	роб (м)	rob
samurai (m)	самурај (м)	samúraj
selvagem (m)	дивљак (м)	dívljak

Educação

escola (f)	школа (ж)	škóla
diretor (m) de escola	директор (м)	dírektor

aluno (m)	ученик (м)	účenik
aluna (f)	ученица (ж)	účenica
estudante (m)	школарац, ђак (м)	škólarac, đak
estudante (f)	школарка, ђак (ж)	škólarka, đak

ensinar (vt)	учити (пг)	účiti
aprender (vt)	учити (пг)	účiti
decorar (vt)	учити напамет	účiti nápamet

estudar (vi)	учити (нг)	účiti
estar na escola	ходати у школу	hódati u škólu
ir à escola	ићи у школу	íći u škólu

alfabeto (m)	азбука, абецеда (ж)	ázbuka, abecéda
disciplina (f)	предмет (м)	prédmet

sala (f) de aula	учионица (ж)	učiónica
lição, aula (f)	час (м)	čas
recreio (m)	одмор (м)	ódmor
toque (m)	звоно (с)	zvóno
classe (f)	клупа (ж)	klúpa
quadro (m) negro	школска табла (ж)	škólska tábla

nota (f)	оцена (ж)	ócena
boa nota (f)	добра оцена (ж)	dóbra ócena
nota (f) baixa	лоша оцена (ж)	lóša ócena
dar uma nota	давати оцену	dávati ócenu

erro (m)	грешка (ж)	gréška
errar (vi)	правити грешке	práviti gréške
corrigir (~ um erro)	исправљати (пг)	íspravljati
cola (f)	пушкица (ж)	púškica

dever (m) de casa	домаћи задатак (м)	dómaći zadátak
exercício (m)	вежба (ж)	véžba

estar presente	присуствовати (нг)	prísustvovati
estar ausente	одсуствовати (нг)	ódsustvovati
faltar às aulas	пропуштати школу	propúštati škólu

punir (vt)	кажњавати (пг)	kažnjávati
punição (f)	казна (ж)	kázna
comportamento (m)	понашање (с)	ponášanje

boletim (m) escolar	ђачка књижица (ж)	đáčka knjížica
lápis (m)	оловка (ж)	ólovka
borracha (f)	гумица (ж)	gúmica
giz (m)	креда (ж)	kréda
porta-lápis (m)	перница (ж)	pérnica

mala, pasta, mochila (f)	торба (ж)	tórba
caneta (f)	оловка (ж)	ólovka
caderno (m)	свеска (ж)	svéska
livro (m) didático	уџбеник (м)	údžbenik
compasso (m)	шестар (м)	šéstar

traçar (vt)	цртати (нг, пг)	cŕtati
desenho (m) técnico	цртеж (м)	cŕtež

poesia (f)	песма (ж)	pésma
de cor	напамет	nápamet
decorar (vt)	учити напамет	účiti nápamet

férias (f pl)	распуст (м)	ráspust
estar de férias	бити на распусту	bíti na ráspustu
passar as férias	провести распуст	próvesti ráspust

teste (m), prova (f)	контролни рад (м)	kóntrolni rad
redação (f)	састав (м)	sástav
ditado (m)	диктат (м)	díktat
exame (m), prova (f)	испит (м)	íspit
fazer prova	полагати испит	polágati íspit
experiência (~ química)	експеримент (м)	eksperíment

95. Colégio. Universidade

academia (f)	академија (ж)	akadémija
universidade (f)	универзитет (м)	univerzitét
faculdade (f)	факултет (м)	fakúltet

estudante (m)	студент (м)	stúdent
estudante (f)	студенткиња (ж)	stúdentkinja
professor (m)	предавач (м)	predávač

auditório (m)	слушаоница (ж)	slušaónica
graduado (m)	дипломац (м)	diplómac

diploma (m)	диплома (ж)	diplóma
tese (f)	дисертација (ж)	disertácija

estudo (obra)	истраживање (с)	istraživanje
laboratório (m)	лабораторија (ж)	laboratórija

palestra (f)	предавање (с)	predávanje
colega (m) de curso	факултетски друг (м)	fakúltetski drug

bolsa (f) de estudos	стипендија (ж)	stipéndija
grau (m) acadêmico	академски степен (м)	ákademski stépen

96. Ciências. Disciplinas

matemática (f)	математика (ж)	matemátika
álgebra (f)	алгебра (ж)	álgebra
geometria (f)	геометрија (ж)	geométrija
astronomia (f)	астрономија (ж)	astronómija
biologia (f)	биологија (ж)	biológija
geografia (f)	географија (ж)	geográfija
geologia (f)	геологија (ж)	geológija
história (f)	историја (ж)	istórija
medicina (f)	медицина (ж)	medicína
pedagogia (f)	педагогија (ж)	pedagógija
direito (m)	право (с)	právo
física (f)	физика (ж)	fízika
química (f)	хемија (ж)	hémija
filosofia (f)	филозофија (ж)	filozófija
psicologia (f)	психологија (ж)	psihológija

97. Sistema de escrita. Ortografia

gramática (f)	граматика (ж)	gramátika
vocabulário (m)	лексикон (м)	léksikon
fonética (f)	фонетика (ж)	fonétika
substantivo (m)	именица (ж)	ímenica
adjetivo (m)	придев (м)	prídev
verbo (m)	глагол (м)	glágol
advérbio (m)	прилог (м)	prílog
pronome (m)	заменица (ж)	zámenica
interjeição (f)	узвик (м)	úzvik
preposição (f)	предлог (м)	prédlog
raiz (f)	корен (м) речи	kóren réči
terminação (f)	наставак (м)	nástavak
prefixo (m)	префикс (м)	préfiks
sílaba (f)	слог (м)	slog
sufixo (m)	суфикс (м)	súfiks
acento (m)	акцент (м)	ákcent
apóstrofo (f)	апостроф (м)	ápostrof
ponto (m)	тачка (ж)	táčka
vírgula (f)	зарез (м)	zárez
ponto e vírgula (m)	тачка (ж) и зарез	táčka i zárez
dois pontos (m pl)	две тачке (мн)	dve táčke
reticências (f pl)	три тачке (мн)	tri táčke
ponto (m) de interrogação	упитник (м)	úpitnik
ponto (m) de exclamação	ускличник, узвичник (м)	úskličnik, úzvičnik

aspas (f pl)	наводници (мн)	návodnici
entre aspas	под наводницима	pod návodnicima
parênteses (m pl)	заграда (ж)	zágrada
entre parênteses	у загради	u zágradi
hífen (m)	цртица (ж)	cŕtica
travessão (m)	повлака (ж)	póvlaka
espaço (m)	размак (м)	rázmak
letra (f)	слово (с)	slóvo
letra (f) maiúscula	велико слово (с)	véliko slóvo
vogal (f)	самогласник (м)	sámoglasnik
consoante (f)	сугласник (м)	súglasnik
frase (f)	реченица (ж)	rečénica
sujeito (m)	субјект (м)	súbjekt
predicado (m)	предикат (м)	prédikat
linha (f)	ред (м)	red
em uma nova linha	у новом реду	u nóvom rédu
parágrafo (m)	пасус (м)	pásus
palavra (f)	реч (ж)	reč
grupo (m) de palavras	група (ж) речи	grúpa réči
expressão (f)	израз (м)	ízraz
sinônimo (m)	синоним (м)	sinónim
antônimo (m)	антоним (м)	antónim
regra (f)	правило (с)	právilo
exceção (f)	изузетак (м)	izuzétak
correto (adj)	исправан	íspravan
conjugação (f)	коњугација (ж)	konjugácija
declinação (f)	деклинација (ж)	deklinácija
caso (m)	падеж (м)	pádež
pergunta (f)	питање (с)	pítanje
sublinhar (vt)	подвући (пг)	pódvući
linha (f) pontilhada	испрекидана линија (ж)	isprékidana línija

98. Línguas estrangeiras

língua (f)	језик (м)	jézik
estrangeiro (adj)	стран	stran
língua (f) estrangeira	страни језик (м)	stráni jézik
estudar (vt)	студирати (пг)	studírati
aprender (vt)	учити (пг)	účiti
ler (vt)	читати (нг, пг)	čítati
falar (vi)	говорити (нг)	govóriti
entender (vt)	разумевати (пг)	razumévati
escrever (vt)	писати (пг)	písati
rapidamente	брзо	bŕzo
devagar, lentamente	споро, полако	spóro, poláko

fluentemente	течно (мн)	téčno
regras (f pl)	правила (мн)	právila
gramática (f)	граматика (ж)	gramátika
vocabulário (m)	лексикон (м)	léksikon
fonética (f)	фонетика (ж)	fonétika
livro (m) didático	уџбеник (м)	údžbenik
dicionário (m)	речник (м)	réčnik
manual (m) autodidático	приручник (м)	príručnik
guia (m) de conversação	приручник (м) за конверзацију	príručnik za konverzáciju
fita (f) cassete	касета (ж)	kaséta
videoteipe (m)	видео касета (ж)	vídeo kaséta
CD (m)	ЦД диск (м)	CD disk
DVD (m)	ДВД (м)	DVD
alfabeto (m)	азбука, абецеда (ж)	ázbuka, abecéda
soletrar (vt)	спеловати (пг)	spélovati
pronúncia (f)	изговор (м)	ízgovor
sotaque (m)	нагласак (м)	náglasak
com sotaque	са нагласком	sa náglaskom
sem sotaque	без нагласка	bez náglaska
palavra (f)	реч (ж)	reč
sentido (m)	смисао (м)	smísao
curso (m)	течај (м)	téčaj
inscrever-se (vr)	уписати се	upísati se
professor (m)	професор (м)	prófesor
tradução (processo)	превођење (с)	prevóđenje
tradução (texto)	превод (м)	prévod
tradutor (m)	преводилац (м)	prevódilac
intérprete (m)	преводилац (м)	prevódilac
poliglota (m)	полиглота (м)	poliglóta
memória (f)	памћење (с)	pámćenje

Descanso. Entretenimento. Viagens

99. Viagens

turismo (m)	туризам (м)	turízam
turista (m)	туриста (м)	turísta
viagem (f)	путовање (c)	putovánje
aventura (f)	авантура (ж)	avantúra
percurso (curta viagem)	путовање (c)	putovánje
férias (f pl)	одмор (м)	ódmor
estar de férias	бити на годишњем одмору	bíti na gódišnjem ódmoru
descanso (m)	одмор (м)	ódmor
trem (m)	воз (м)	voz
de trem (chegar ~)	возом	vózom
avião (m)	авион (м)	avíon
de avião	авионом	avіónom
de carro	колима, аутом	kólima, áutom
de navio	бродом	bródom
bagagem (f)	пртљаг (м)	pȑtljag
mala (f)	кофер (м)	kófer
carrinho (m)	колица (мн) за пртљаг	kolíca za pȑtljag
passaporte (m)	пасош (м)	pásoš
visto (m)	виза (ж)	víza
passagem (f)	карта (ж)	kárta
passagem (f) aérea	авионска карта (ж)	avіónska kárta
guia (m) de viagem	водич (м)	vódič
mapa (m)	мапа (ж)	mápa
área (f)	подручје (c)	pódručje
lugar (m)	место (c)	mésto
exotismo (m)	егзотика (ж)	egzótika
exótico (adj)	егзотичан	egzótičan
surpreendente (adj)	диван	dívan
grupo (m)	група (ж)	grúpa
excursão (f)	екскурзија (ж)	ekskúrzija
guia (m)	водич (м)	vódič

100. Hotel

hotel (m)	хотел (м)	hótel
motel (m)	мотел (м)	mótel

três estrelas	три звездице	tri zvézdice
cinco estrelas	пет звездица	pet zvézdica
ficar (vi, vt)	одсести (нг)	ódsesti
quarto (m)	соба (ж)	sóba
quarto (m) individual	једнокреветна соба (ж)	jédnokrevetna sóba
quarto (m) duplo	двокреветна соба (ж)	dvókrevetna sóba
reservar um quarto	резервисати собу	rezervísati sóbu
meia pensão (f)	полупансион (м)	polupansíon
pensão (f) completa	пун пансион (м)	pun pansíon
com banheira	са кадом	sa kádom
com chuveiro	са тушем	sa túšem
televisão (m) por satélite	сателитска телевизија (ж)	satelítska televízija
ar (m) condicionado	клима (ж)	klíma
toalha (f)	пешкир (м)	péškir
chave (f)	кључ (м)	ključ
administrador (m)	администратор (м)	administrátor
camareira (f)	собарица (ж)	sóbarica
bagageiro (m)	носач (м)	nósač
porteiro (m)	вратар (м)	vrátar
restaurante (m)	ресторан (м)	restóran
bar (m)	бар (м)	bar
café (m) da manhã	доручак (м)	dóručak
jantar (m)	вечера (ж)	véčera
bufê (m)	шведски сто (м)	švédski sto
saguão (m)	фоаје (м)	foáje
elevador (m)	лифт (м)	lift
NÃO PERTURBE	НЕ УЗНЕМИРАВАТИ	NE UZNEMIRAVATI
PROIBIDO FUMAR!	ЗАБРАЊЕНО ПУШЕЊЕ	ZABRANJENO PUŠENJE

EQUIPAMENTO TÉCNICO. TRANSPORTES

Equipamento técnico. Transportes

101. Computador

computador (m)	рачунар (м)	računar
computador (m) portátil	лаптоп (м)	láptop
ligar (vt)	укључити (пг)	uključiti
desligar (vt)	искључити (пг)	isključiti
teclado (m)	тастатура (ж)	tastatúra
tecla (f)	тастер (м)	táster
mouse (m)	миш (ж)	miš
tapete (m) para mouse	подлога (ж) за миша	pódloga za miša
botão (m)	дугме (с)	dúgme
cursor (m)	курсор (м)	kúrsor
monitor (m)	монитор (м)	mónitor
tela (f)	екран (м)	ékran
disco (m) rígido	хард диск (м)	hard disk
capacidade (f) do disco rígido	капацитет (м) хард диска	kapacítet hard díska
memória (f)	меморија (ж)	mémorija
memória RAM (f)	РАМ меморија (ж)	RAM mémorija
arquivo (m)	фајл (м)	fajl
pasta (f)	фолдер (м)	fólder
abrir (vt)	отворити (пг)	ótvoriti
fechar (vt)	затворити (пг)	zatvóriti
salvar (vt)	снимити, сачувати (пг)	snímiti, sačúvati
deletar (vt)	избрисати (пг)	ízbrisati
copiar (vt)	копирати (пг)	kopírati
ordenar (vt)	сортирати (пг)	sortírati
copiar (vt)	пребацити (пг)	prebáciti
programa (m)	програм (м)	prógram
software (m)	софтвер (м)	sóftver
programador (m)	програмер (м)	prográmer
programar (vt)	програмирати (пг)	programírati
hacker (m)	хакер (м)	háker
senha (f)	лозинка (ж)	lózinka
vírus (m)	вирус (м)	vírus
detectar (vt)	пронаћи (пг)	prónaći
byte (m)	бајт (м)	bajt

megabyte (m)	мегабајт (м)	mégabajt
dados (m pl)	подаци (мн)	pódaci
base (f) de dados	база (ж) података	báza pódataka
cabo (m)	кабл (м)	kabl
desconectar (vt)	искључити (пр)	isključiti
conectar (vt)	спојити (пр)	spójiti

102. Internet. E-mail

internet (f)	интернет (м)	ínternet
browser (m)	прегледач (м)	prégledač
motor (m) de busca	претраживач (м)	pretražívač
provedor (m)	провајдер (м)	provájder
webmaster (m)	вебмастер (м)	vebmáster
website (m)	веб-сајт (м)	veb-sajt
web page (f)	веб-страница (ж)	veb-stránica
endereço (m)	адреса (ж)	adrésa
livro (m) de endereços	адресар (м)	adrésar
caixa (f) de correio	поштанско сандуче (с)	póštansko sánduče
correio (m)	пошта (ж)	póšta
cheia (caixa de correio)	пун	pun
mensagem (f)	порука (ж)	póruka
mensagens (f pl) recebidas	долазне поруке (мн)	dólazne póruke
mensagens (f pl) enviadas	одлазне поруке (мн)	ódlazne póruke
remetente (m)	пошиљалац (м)	póšiljalac
enviar (vt)	послати (пр)	póslati
envio (m)	слање (с)	slánje
destinatário (m)	прималац (м)	prímalac
receber (vt)	примити (пр)	prímiti
correspondência (f)	дописивање (с)	dopisívanje
corresponder-se (vr)	водити преписку	vóditi prépisku
arquivo (m)	фајл (м)	fajl
fazer download, baixar (vt)	преузети (пр)	preúzeti
criar (vt)	створити (пр)	stvóriti
deletar (vt)	избрисати (пр)	ízbrisati
deletado (adj)	избрисан	ízbrisan
conexão (f)	веза (ж)	véza
velocidade (f)	брзина (ж)	brzína
modem (m)	модем (м)	módem
acesso (m)	приступ (м)	prístup
porta (f)	порт (м)	port
conexão (f)	повезивање (с)	povezívanje
conectar (vi)	повезати се	povézati se
escolher (vt)	изабрати (пр)	izábrati
buscar (vt)	тражити (пр)	trážiti

103. Eletricidade

eletricidade (f)	струја (ж)	strúja
elétrico (adj)	електрични	eléktrični
planta (f) elétrica	електрана (ж)	elektrána
energia (f)	енергија (ж)	enérgija
energia (f) elétrica	електрична енергија (ж)	eléktrična enérgija
lâmpada (f)	сијалица (ж)	síjalica
lanterna (f)	батеријска лампа (ж)	batérijska lámpa
poste (m) de iluminação	улична расвета (ж)	úlična rásveta
luz (f)	светло (с)	svétlo
ligar (vt)	укључивати (пг)	uključívati
desligar (vt)	угасити (пг)	ugásiti
apagar a luz	угасити светло	ugásiti svétlo
queimar (vi)	прегорети (нг)	pregóreti
curto-circuito (m)	кратак спој (м)	krátak spoj
ruptura (f)	прекид (м)	prékid
contato (m)	контакт (м)	kóntakt
interruptor (m)	прекидач (м)	prekídač
tomada (de parede)	утичница (ж)	útičnica
plugue (m)	утикач (м)	utíkač
extensão (f)	продужни кабл (м)	pródužni kabl
fusível (m)	осигурач (м)	osigúrač
fio, cabo (m)	жица (ж), кабл (м)	žíca, kabl
instalação (f) elétrica	електрична инсталација (ж)	eléktrična instalácija
ampère (m)	ампер (м)	ámper
amperagem (f)	јачина (ж) струје	jačína strúje
volt (m)	волт (м)	volt
voltagem (f)	напон (м)	nápon
aparelho (m) elétrico	електрични апарат (м)	eléktrični apárat
indicador (m)	индикатор (м)	indikátor
eletricista (m)	електричар (м)	eléktričar
soldar (vt)	лемити (пг)	lémiti
soldador (m)	лемилица (с)	lémilica
corrente (f) elétrica	струја (ж)	strúja

104. Ferramentas

ferramenta (f)	алат (м)	álat
ferramentas (f pl)	алати (мн)	álati
equipamento (m)	опрема (ж)	óprema
martelo (m)	чекић (м)	čékić
chave (f) de fenda	шрафцигер (м)	šráfciger

machado (m)	секира (ж)	sekíra
serra (f)	тестера (ж)	téstera
serrar (vt)	тестерисати (пг)	testérisati
plaina (f)	блања (ж)	blánja
aplainar (vt)	стругати (пг)	strúgati
soldador (m)	лемилица (с)	lémilica
soldar (vt)	лемити (пг)	lémiti
lima (f)	турпија (ж)	túrpija
tenaz (f)	клешта (ж)	kléšta
alicate (m)	пљосната клешта (ж)	pljósnata kléšta
formão (m)	длето (с)	dléto
broca (f)	бургија (ж)	búrgija
furadeira (f) elétrica	бушилица (ж)	búšilica
furar (vt)	бушити (пг)	búšiti
faca (f)	нож (м)	nož
lâmina (f)	сечиво (с)	séčivo
afiado (adj)	оштар	óštar
cego (adj)	тупи	túpi
embotar-se (vr)	затупити се	zatúpiti se
afiar, amolar (vt)	оштрити (пг)	óštriti
parafuso (m)	завртањ (м)	závrtanj
porca (f)	навртка (ж)	návrtka
rosca (f)	навој (м)	návoj
parafuso (para madeira)	шраф (м)	šraf
prego (m)	ексер (м)	ékser
cabeça (f) do prego	глава (ж)	gláva
régua (f)	лењир (м)	lénjir
fita (f) métrica	метар (м)	métar
nível (m)	либела (ж)	libéla
lupa (f)	лупа (ж)	lúpa
medidor (m)	апарат (м) за мерење	apárat za mérenje
medir (vt)	измерити (пг)	ízmeriti
escala (f)	скала (ж)	skála
indicação (f), registro (m)	стање (с)	stánje
compressor (m)	компресор (м)	kómprésor
microscópio (m)	микроскоп (м)	míkroskop
bomba (f)	пумпа (ж)	púmpa
robô (m)	робот (м)	róbot
laser (m)	ласер (м)	láser
chave (f) de boca	матични кључ (м)	mátični ključ
fita (f) adesiva	лепљива трака (ж)	lépljiva tráka
cola (f)	лепак (м)	lépak
lixa (f)	шмиргла (ж)	šmírgla
mola (f)	опруга (ж)	ópruga

ímã (m)	магнет (м)	mágnet
luva (f)	рукавице (мн)	rukávice
corda (f)	уже (с)	úže
cabo (~ de nylon, etc.)	врпца (ж)	vŕpca
fio (m)	жица (ж), кабл (м)	žíca, kabl
cabo (~ elétrico)	кабл (м)	kabl
marreta (f)	маљ (м)	malj
pé de cabra (m)	ћускија (ж)	ćúskija
escada (f) de mão	мердевине (мн)	mérdevine
escada (m)	мердевине (мн) на расклапање	mérdevine na rásklapanje
enroscar (vt)	завртати (пг)	závrtati
desenroscar (vt)	одвртати (пг)	ódvrtati
apertar (vt)	стезати (пг)	stézati
colar (vt)	прилепити (пг)	prilépiti
cortar (vt)	сећи (пг)	séći
falha (f)	неисправност (ж)	neisprávnost
conserto (m)	поправка (ж)	pópravka
consertar, reparar (vt)	поправљати (пг)	pópravljati
regular, ajustar (vt)	регулисати (пг)	regulísati
verificar (vt)	проверавати (пг)	proverávati
verificação (f)	провера (ж)	próvera
indicação (f), registro (m)	стање (с)	stánje
seguro (adj)	поуздан	póuzdan
complicado (adj)	сложен	slóžen
enferrujar (vi)	рђати (нг)	ŕđati
enferrujado (adj)	рђав	rđav
ferrugem (f)	рђа (ж)	ŕđa

Transportes

avião (m)	авион (м)	avíon
passagem (f) aérea	авионска карта (ж)	aviónska kárta
companhia (f) aérea	авио-компанија (ж)	ávio-kompánija
aeroporto (m)	аеродром (м)	aeródrom
supersônico (adj)	суперсоничан	supersóničan
comandante (m) do avião	капетан (м) авиона	kapétan avíona
tripulação (f)	посада (ж)	pósada
piloto (m)	пилот (м)	pílot
aeromoça (f)	стјуардеса (ж)	stjuardésa
copiloto (m)	навигатор (м)	navígator
asas (f pl)	крила (мн)	kríla
cauda (f)	реп (м)	rep
cabine (f)	кабина (ж)	kabína
motor (m)	мотор (м)	mótor
trem (m) de pouso	шасија (ж)	šásija
turbina (f)	турбина (ж)	turbína
hélice (f)	пропелер (м)	propéler
caixa-preta (f)	црна кутија (ж)	cȑna kútija
coluna (f) de controle	управљач (м)	uprávljač
combustível (m)	гориво (м)	górivo
instruções (f pl) de segurança	упутство (с) за ванредне ситуације	úputstvo za vanredne situácije
máscara (f) de oxigênio	маска (ж) за кисеоник	máska za kiseónik
uniforme (m)	униформа (ж)	úniforma
colete (m) salva-vidas	прслук (м) за спасавање	pȑsluk za spásavanje
paraquedas (m)	падобран (м)	pádobran
decolagem (f)	полетање, узлетање (с)	polétanje, uzlétanje
descolar (vi)	полетати (нг)	polétati
pista (f) de decolagem	писта (ж)	písta
visibilidade (f)	видљивост (ж)	vídljivost
voo (m)	лет (м)	let
altura (f)	висина (ж)	visína
poço (m) de ar	ваздушни џеп (м)	vázdušni džep
assento (m)	седиште (с)	sédište
fone (m) de ouvido	слушалице (мн)	slúšalice
mesa (f) retrátil	сточић (м) на расклапање	stóčić na rasklápanje
janela (f)	прозор (м)	prózor
corredor (m)	пролаз (м)	prólaz

106. Comboio

trem (m)	воз (м)	voz
trem (m) elétrico	електрични воз (м)	eléktrični voz
trem (m)	брзи воз (м)	bȓzi voz
locomotiva (f) diesel	дизел локомотива (ж)	dízel lokomotíva
locomotiva (f) a vapor	парна локомотива (ж)	párna lokomotíva
vagão (f) de passageiros	вагон (м)	vágon
vagão-restaurante (m)	вагон ресторан (м)	vágon restóran
carris (m pl)	шине (мн)	šíne
estrada (f) de ferro	железница (ж)	žéleznica
travessa (f)	праг (м)	prag
plataforma (f)	перон (м)	péron
linha (f)	колосек (м)	kólosek
semáforo (m)	семафор (м)	sémafor
estação (f)	станица (ж)	stánica
maquinista (m)	машиновођа (м)	mašinóvođa
bagageiro (m)	носач (м)	nósač
hospedeiro, -a (m, f)	послужитељ (м) у возу	poslúžitelj u vózu
passageiro (m)	путник (м)	pútnik
revisor (m)	контролер (м)	kontróler
corredor (m)	ходник (м)	hódnik
freio (m) de emergência	кочница (ж)	kóčnica
compartimento (m)	купе (м)	kúpe
cama (f)	лежај (м)	léžaj
cama (f) de cima	горњи лежај (м)	górnji léžaj
cama (f) de baixo	доњи лежај (м)	dónji léžaj
roupa (f) de cama	постељина (ж)	posteljína
passagem (f)	карта (ж)	kárta
horário (m)	ред (м) вожње	red vóžnje
painel (m) de informação	табла (ж)	tábla
partir (vt)	одлазити (нг)	ódlaziti
partida (f)	полазак (м)	pólazak
chegar (vi)	долазити (нг)	dólaziti
chegada (f)	долазак (м)	dólazak
chegar de trem	доћи возом	dóći vózom
pegar o trem	сести у воз	sésti u voz
descer de trem	сићи с воза	síći s vóza
acidente (m) ferroviário	железничка несрећа (ж)	žéleznička nésreća
descarrilar (vi)	исклизнути из шина	ískliznuti iz šína
locomotiva (f) a vapor	парна локомотива (ж)	párna lokomotíva
foguista (m)	ложач (м)	lóžač
fornalha (f)	ложиште (с)	lóžište
carvão (m)	угаљ (м)	úgalj

107. Barco

navio (m)	брод (м)	brod
embarcação (f)	брод (м)	brod
barco (m) a vapor	пароброд (м)	párobrod
barco (m) fluvial	речни брод (м)	réčni brod
transatlântico (m)	прекоокеански брод (м)	prekookéanski brod
cruzeiro (m)	крстарица (ж)	krstárica
iate (m)	jaхта (ж)	jáhta
rebocador (m)	тегљач (м)	tégljač
barcaça (f)	шлеп (м)	šlép
ferry (m)	трајект (м)	trájekt
veleiro (m)	jедрењак (м)	jedrénjak
bergantim (m)	бригантина (ж)	brigantína
quebra-gelo (m)	ледоломац (м)	ledolómac
submarino (m)	подморница (ж)	pódmornica
bote, barco (m)	чамац (м)	čámac
baleeira (bote salva-vidas)	чамац (м)	čámac
bote (m) salva-vidas	чамац (м) за спасавање	čámac za spásavanje
lancha (f)	моторни брод (м)	mótorni brod
capitão (m)	капетан (м)	kapétan
marinheiro (m)	морнар (м)	mórnar
marujo (m)	поморац, морнар (м)	pómorac, mórnar
tripulação (f)	посада (ж)	pósada
contramestre (m)	воћа (м) палубе	vóđa pálube
grumete (m)	бродски момак (м)	bródski mómak
cozinheiro (m) de bordo	кувар (м)	kúvar
médico (m) de bordo	бродски лекар (м)	bródski lékar
convés (m)	палуба (ж)	páluba
mastro (m)	jарбол (м)	járbol
vela (f)	jедро (с)	jédro
porão (m)	потпалубље (с)	pótpalublje
proa (f)	прамац (м)	prámac
popa (f)	крма (ж)	kŕma
remo (m)	весло (с)	véslo
hélice (f)	бродски пропелер (м)	bródski propéler
cabine (m)	кабина (ж)	kabína
sala (f) dos oficiais	официрска менза (ж)	ofícirska ménza
sala (f) das máquinas	строjарница (ж)	strójarnica
ponte (m) de comando	капетански мост (м)	kapétanski most
sala (f) de comunicações	радио кабина (ж)	rádio kabína
onda (f)	талас (м)	tálas
diário (m) de bordo	бродски дневник (м)	bródski dnévnik
luneta (f)	дурбин (м)	dúrbin
sino (m)	звоно (с)	zvóno

bandeira (f)	застава (ж)	zástava
cabo (m)	конопац (м)	kónopac
nó (m)	чвор (м)	čvor

corrimão (m)	рукохват (м)	rúkohvat
prancha (f) de embarque	рампа (ж)	rámpa

âncora (f)	сидро (с)	sídro
recolher a âncora	дићи сидро	díći sídro
jogar a âncora	спустити сидро	spústiti sídro
amarra (corrente de âncora)	сидрени ланац (м)	sídreni lánac

porto (m)	лука (ж)	lúka
cais, amarradouro (m)	пристаниште (с)	prístanište
atracar (vi)	пристајати (нг)	prístajati
desatracar (vi)	отпловити (нг)	otplóviti

viagem (f)	путовање (с)	putovánje
cruzeiro (m)	крстарење (с)	krstárenje
rumo (m)	правац, курс (м)	právac, kurs
itinerário (m)	маршрута (ж)	maršrúta

canal (m) de navegação	пловни пут (м)	plóvni put
banco (m) de areia	плићак (м)	plíćak
encalhar (vt)	насукати се	násukati se

tempestade (f)	олуја (ж)	olúja
sinal (m)	сигнал (м)	sígnal
afundar-se (vr)	тонути (нг)	tónuti
Homem ao mar!	Човек у мору!	Čóvek u móru!
SOS	СОС	SOS
boia (f) salva-vidas	појас (м) за спасавање	pójas za spasávanje

108. Aeroporto

aeroporto (m)	аеродром (м)	aeródrom
avião (m)	авион (м)	avíon
companhia (f) aérea	авио-компанија (ж)	ávio-kompánija
controlador (m) de tráfego aéreo	контролор (м) лета	kontrólor léta

partida (f)	полазак (м)	pólazak
chegada (f)	долазак (м)	dólazak
chegar (vi)	долетети (нг)	doléteti

hora (f) de partida	време (с) поласка	vréme pólaska
hora (f) de chegada	време (с) доласка	vréme dólaska

estar atrasado	каснити (нг)	kásniti
atraso (m) de voo	кашњење (с) лета	kášnjenje léta

painel (m) de informação	информативна табла (ж)	ínformativna tábla
informação (f)	информација (ж)	informácija
anunciar (vt)	објављивати (нг)	objavljívati

voo (m)	лет (м)	let
alfândega (f)	царина (ж)	cárina
funcionário (m) da alfândega	цариник (м)	cárinik

declaração (f) alfandegária	царинска декларација (ж)	cárinska deklarácija
preencher (vt)	попунити (пг)	pópuniti
preencher a declaração	попунити декларацију	pópuniti deklaráciju
controle (m) de passaporte	пасошка контрола (ж)	pásoška kontróla

bagagem (f)	пртљаг (м)	pŕtljag
bagagem (f) de mão	ручни пртљаг (м)	rúčni pŕtljag
carrinho (m)	колица (мн) за пртљаг	kolíca za pŕtljag

pouso (m)	слетање (с)	slétanje
pista (f) de pouso	писта (ж) за слетање	písta za slétanje
aterrissar (vi)	спуштати се	spúštati se
escada (f) de avião	степенице (мн)	stépenice

check-in (m)	регистрација (ж), чекирање (с)	registrácija, čekíranje
balcão (m) do check-in	шалтер (м) за чекирање	šálter za čekíranje
fazer o check-in	пријавити се	prijáviti se
cartão (m) de embarque	бординг карта (ж)	bórding kárta
portão (m) de embarque	излаз (м)	ízlaz

trânsito (m)	транзит (м)	tránzit
esperar (vi, vt)	чекати (нг, пг)	čékati
sala (f) de espera	чекаоница (ж)	čekaónica
despedir-se (acompanhar)	пратити (пг)	prátiti
despedir-se (dizer adeus)	опраштати се	opráštati se

Eventos

festa (f)	празник (м)	práznik
feriado (m) nacional	национални празник (м)	nacionálni práznik
feriado (m)	празничан дан (м)	prázničan dan
festejar (vt)	празновати (пг)	práznovati
evento (festa, etc.)	догађај (м)	dógađaj
evento (banquete, etc.)	догађај (м)	dógađaj
banquete (m)	банкет (м)	bánket
recepção (f)	дочек, пријем (м)	dóček, príjem
festim (m)	гозба (ж)	gózba
aniversário (m)	годишњица (ж)	gódišnjica
jubileu (m)	јубилеј (м)	jubílej
celebrar (vt)	прославити (пг)	próslaviti
Ano (m) Novo	Нова година (ж)	Nóva gódina
Feliz Ano Novo!	Срећна Нова година!	Sréćna Nóva gódina!
Papai Noel (m)	Деда Мраз (м)	Déda Mraz
Natal (m)	Божић (м)	Bóžić
Feliz Natal!	Срећан Божић!	Srećan Bóžić!
árvore (f) de Natal	Новогодишња јелка (ж)	Novogódišnja jélka
fogos (m pl) de artifício	ватромет (м)	vátromet
casamento (m)	свадба (ж)	svádba
noivo (m)	младожења (м)	mladóženja
noiva (f)	млада, невеста (ж)	mláda, névesta
convidar (vt)	позивати (пг)	pozívati
convite (m)	позивница (ж)	pózivnica
convidado (m)	гост (м)	gost
visitar (vt)	ићи у госте	ići u góste
receber os convidados	дочекивати госте	dočekívati góste
presente (m)	поклон (м)	póklon
oferecer, dar (vt)	поклањати (пг)	póklanjati
receber presentes	добијати поклоне	dóbijati póklone
buquê (m) de flores	букет (м)	búket
felicitações (f pl)	честитка (ж)	čestitka
felicitar (vt)	честитати (пг)	čestítati
cartão (m) de parabéns	честитка (ж)	čestitka
enviar um cartão postal	послати честитку	póslati čestitku
receber um cartão postal	добити честитку	dóbiti čestitku

brinde (m)	здравица (ж)	zdrávica
oferecer (vt)	нудити (пг)	núditi
champanhe (m)	шампањац (м)	šampánjac

divertir-se (vr)	веселити се	veséliti se
diversão (f)	весеље (с)	vesélje
alegria (f)	радост (ж)	rádost

dança (f)	плес (м)	ples
dançar (vi)	играти, плесати (нг)	ígrati, plésati

valsa (f)	валцер (м)	válcer
tango (m)	танго (м)	tángo

110. Funerais. Enterro

cemitério (m)	гробље (с)	gróblje
sepultura (f), túmulo (m)	гроб (м)	grob
cruz (f)	крст (м)	kŕst
lápide (f)	надгробни споменик (м)	nádgrobni spómenik
cerca (f)	ограда (ж)	ógrada
capela (f)	капела (ж)	kapéla

morte (f)	смрт (ж)	smŕt
morrer (vi)	умрети (нг)	úmreti
defunto (m)	покојник (м)	pókojnik
luto (m)	жалост (ж)	žálost

enterrar, sepultar (vt)	сахрањивати (пг)	sahranjívati
funerária (f)	погребно предузеће (с)	pógrebno preduzéće
funeral (m)	сахрана (ж)	sáhrana

coroa (f) de flores	венац (м)	vénac
caixão (m)	ковчег (м)	kóvčeg
carro (m) funerário	погребна кола (ж)	pógrebna kóla
mortalha (f)	мртвачки покров (м)	mŕtvački pókrov

procissão (f) funerária	погребна поворка (ж)	pógrebna póvorka
urna (f) funerária	погребна урна (ж)	pógrebna úrna
crematório (m)	крематоријум (м)	krematórijum

obituário (m), necrologia (f)	читуља (ж)	čítulja
chorar (vi)	плакати (нг)	plákati
soluçar (vi)	јецати (пг)	jécati

111. Guerra. Soldados

pelotão (m)	вод (м)	vod
companhia (f)	чета (ж)	četa
regimento (m)	пук (м)	púk
exército (m)	армија (ж)	ármija
divisão (f)	дивизија (ж)	divízija

| esquadrão (m) | одред (м) | ódred |
| hoste (f) | војска (ж) | vójska |

| soldado (m) | војник (м) | vójnik |
| oficial (m) | официр (м) | ofícir |

soldado (m) raso	редов (м)	rédov
sargento (m)	наредник (м)	nárednik
tenente (m)	поручник (м)	póručnik
capitão (m)	капетан (м)	kapétan
major (m)	мајор (м)	májor
coronel (m)	пуковник (м)	púkovnik
general (m)	генерал (м)	genéral

marujo (m)	поморац, морнар (м)	pómorac, mórnar
capitão (m)	капетан (м)	kapétan
contramestre (m)	вођа (м) палубе	vóđa pálube
artilheiro (m)	артиљерац (м)	artiljérac
soldado (m) paraquedista	падобранац (м)	pádobranac
piloto (m)	пилот (м)	pílot
navegador (m)	навигатор (м)	navígator
mecânico (m)	механичар (м)	meháničar

sapador-mineiro (m)	деминер (м)	demíner
paraquedista (m)	падобранац (м)	pádobranac
explorador (m)	извиђач (м)	izvíđač
atirador (m) de tocaia	снајпер (м)	snájper

patrulha (f)	патрола (ж)	patróla
patrulhar (vt)	патролирати (нг, пг)	patrolírati
sentinela (f)	стражар (м)	strážar
guerreiro (m)	војник (м)	vójnik
patriota (m)	патриота (м)	patrióta
herói (m)	јунак (м)	júnak
heroína (f)	јунакиња (ж)	junákinja

| traidor (m) | издајник (м) | ízdajnik |
| trair (vt) | издавати (пг) | izdávati |

| desertor (m) | дезертер (м) | dezérter |
| desertar (vt) | дезертирати (нг) | dezertírati |

mercenário (m)	најамник (м)	nájamnik
recruta (m)	регрут (м)	régrut
voluntário (m)	добровољац (м)	dobrovóljac

morto (m)	убијен (м)	úbijen
ferido (m)	рањеник (м)	ránjenik
prisioneiro (m) de guerra	заробљеник (м)	zarobljénik

112. Guerra. Ações militares. Parte 1

| guerra (f) | рат (м) | rat |
| guerrear (vt) | ратовати (нг) | rátovati |

guerra (f) civil	грађански рат (м)	gráđanski rat
perfidamente	подмукло	pódmuklo
declaração (f) de guerra	објава (ж) рата	óbjava rata
declarar guerra	објавити (пг)	objáviti
agressão (f)	агресија (ж)	agrésija
atacar (vt)	нападати (нг)	nápadati
invadir (vt)	инвадирати, окупирати (пг)	invadírati, okupírati
invasor (m)	освајач (м)	osvájač
conquistador (m)	освајач (м)	osvájač
defesa (f)	одбрана (ж)	ódbrana
defender (vt)	бранити (пг)	b(рániti
defender-se (vr)	бранити се	brániti se
inimigo (m)	непријатељ (м)	néprijatelj
adversário (m)	противник (м)	prótivnik
inimigo (adj)	непријатељски	neprijatéljski
estratégia (f)	стратегија (ж)	strátegija
tática (f)	тактика (ж)	táktika
ordem (f)	наредба (ж)	náredba
comando (m)	команда (ж)	kómanda
ordenar (vt)	наређивати (пг)	naređívati
missão (f)	задатак (м)	zadátak
secreto (adj)	тајни	tájni
batalha (f)	битка (ж)	bítka
combate (m)	бој, битка (ж)	boj, bítka
ataque (m)	напад (м)	nápad
assalto (m)	јуриш (м)	júriš
assaltar (vt)	јуришати (пг)	juríšati
assédio, sítio (m)	опсада (ж)	ópsada
ofensiva (f)	офанзива (ж)	ofanzíva
tomar à ofensiva	прећи у напад	préći u nápad
retirada (f)	повлачење (с)	povlačénje
retirar-se (vr)	одступати (нг)	odstúpati
cerco (m)	опкољавање (с)	opkoljávanje
cercar (vt)	опкољавати (пг)	opkoljávati
bombardeio (m)	бомбардовање (с)	bómbardovanje
lançar uma bomba	избацити бомбу	izbáciti bómbu
bombardear (vt)	бомбардовати (пг)	bómbardovati
explosão (f)	експлозија (ж)	eksplózija
tiro (m)	пуцањ (м)	púcanj
dar um tiro	пуцати (нг)	púcati
tiroteio (m)	пуцање (с)	púcanje
apontar para …	циљати (пг)	cíljati
apontar (vt)	уперити (пг)	upériti

acertar (vt)	погодити (пг)	pogóditi
afundar (~ um navio, etc.)	потопити (пг)	potópiti
brecha (f)	рупа (ж)	rúpa
afundar-se (vr)	тонути (нг)	tónuti
frente (m)	фронт (м)	front
evacuação (f)	евакуација (ж)	evakuácija
evacuar (vt)	евакуисати (пг)	evakuísati
trincheira (f)	ров (м)	rov
arame (m) enfarpado	бодљикава жица (ж)	bódljikava žíca
barreira (f) anti-tanque	препрека (ж)	prépreka
torre (f) de vigia	осматрачница (ж)	osmátračnica
hospital (m) militar	војна болница (ж)	vójna bólnica
ferir (vt)	ранити (пг)	rániti
ferida (f)	рана (ж)	rána
ferido (m)	рањеник (м)	ránjenik
ficar ferido	бити рањен	bíti ránjen
grave (ferida ~)	озбиљан	ózbiljan

113. Guerra. Ações militares. Parte 2

cativeiro (m)	заробљеништво (с)	zarobljeníštvo
capturar (vt)	заробити (пг)	zaróbiti
estar em cativeiro	бити у заробљеништву	bíti u zarobljeníštvu
ser aprisionado	пасти у ропство	pásti u rópstvo
campo (m) de concentração	концентрациони логор (м)	koncentracioni lógor
prisioneiro (m) de guerra	заробљеник (м)	zarobljénik
escapar (vi)	бежати (нг)	béžati
trair (vt)	издати (пг)	ízdati
traidor (m)	издајник (м)	ízdajnik
traição (f)	издаја (ж)	ízdaja
fuzilar, executar (vt)	стрељати (пг)	stréljati
fuzilamento (m)	стрељање (с)	stréljanje
equipamento (m)	опрема (ж)	óprema
insígnia (f) de ombro	еполета (ж)	epoléta
máscara (f) de gás	гас маска (ж)	gas máska
rádio (m)	покретна радио станица (ж)	pókretna rádio stánica
cifra (f), código (m)	шифра (ж)	šífra
conspiração (f)	конспирација (ж)	konspirácija
senha (f)	лозинка (ж)	lózinka
mina (f)	мина (ж)	mína
minar (vt)	минирати (пг)	minírati
campo (m) minado	минско поље (с)	mínsko pólje
alarme (m) aéreo	ваздушна узбуна (ж)	vázdušna úzbuna
alarme (m)	узбуна (ж)	úzbuna

sinal (m)	сигнал (м)	sígnal
sinalizador (m)	сигнална ракета (ж)	sígnalna rakéta

quartel-general (m)	штаб (м)	štab
reconhecimento (m)	извиђање (с)	izvíđanje
situação (f)	ситуација (ж)	situácija
relatório (m)	рапорт (м)	ráport
emboscada (f)	заседа (ж)	záseda
reforço (m)	појачање (с)	pojačánje

alvo (m)	нишан (м)	níšan
campo (m) de tiro	полигон (м)	polígon
manobras (f pl)	маневри (мн)	manévri

pânico (m)	паника (ж)	pánika
devastação (f)	рушевина (ж)	rúševina
ruínas (f pl)	уништења (мн)	uništénja
destruir (vt)	разрушити (пг)	rázrušiti

sobreviver (vi)	преживети (нг)	prežíveti
desarmar (vt)	разоружати (пг)	razorúžati
manusear (vt)	обраћати се	óbraćati se

Sentido!	Мирно!	Mírno!
Descansar!	Вољно!	Vóljno!

façanha (f)	подвиг (м)	pódvig
juramento (m)	заклетва (ж)	zákletva
jurar (vi)	клети се	kléti se

condecoração (f)	награда (ж)	nágrada
condecorar (vt)	награђивати (пг)	nagrađívati
medalha (f)	медаља (ж)	médalja
ordem (f)	орден (м)	órden

vitória (f)	победа (ж)	póbeda
derrota (f)	пораз (м)	póraz
armistício (m)	примирје (с)	prímirje

bandeira (f)	застава (ж)	zástava
glória (f)	слава (ж)	sláva
parada (f)	парада (ж)	paráda
marchar (vi)	марширати (нг)	maršírati

114. Armas

arma (f)	оружје (с)	óružje
arma (f) de fogo	ватрено оружје (с)	vátreno óružje
arma (f) branca	хладно оружје (с)	hládno oružje

arma (f) química	хемијско оружје (с)	hémijsko óružje
nuclear (adj)	нуклеарни	núklearni
arma (f) nuclear	нуклеарно оружје (с)	núklearno óružje
bomba (f)	бомба (ж)	bómba

bomba (f) atômica	атомска бомба (ж)	átomska bómba
pistola (f)	пиштољ (м)	píštolj
rifle (m)	пушка (ж)	púška
semi-automática (f)	аутомат (м)	autómat
metralhadora (f)	митраљез (м)	mitráljez
boca (f)	грло (с)	gŕlo
cano (m)	цев (ж)	cev
calibre (m)	калибар (м)	kalíbar
gatilho (m)	окидач (м)	okídač
mira (f)	нишан (м)	níšan
carregador (m)	шаржер (м)	šáržer
coronha (f)	кундак (м)	kúndak
granada (f) de mão	граната (ж)	granáta
explosivo (m)	експлозив (м)	eksplóziv
bala (f)	пројектил (м)	projéktil
cartucho (m)	метак (м)	métak
carga (f)	набој (м)	náboj
munições (f pl)	муниција (ж)	munícija
bombardeiro (m)	бомбардер (м)	bombárder
avião (m) de caça	ловачки авион (м)	lóvački avíon
helicóptero (m)	хеликоптер (м)	helikópter
canhão (m) antiaéreo	против авионски топ (м)	prótiv avíonski top
tanque (m)	тенк (м)	tenk
canhão (de um tanque)	топ (м)	top
artilharia (f)	артиљерија (ж)	artiljérija
canhão (m)	топ (м)	top
fazer a pontaria	уперити (пг)	upériti
projétil (m)	пројектил (м)	projéktil
granada (f) de morteiro	минобацачка мина (ж)	minobácačka mína
morteiro (m)	минобацач (м)	minobácač
estilhaço (m)	комадић (м)	komádić
submarino (m)	подморница (ж)	pódmornica
torpedo (m)	торпедо (м)	torpédo
míssil (m)	ракета (ж)	rakéta
carregar (uma arma)	пунити (пг)	púniti
disparar, atirar (vi)	пуцати (нг)	púcati
apontar para ...	циљати (пг)	cíljati
baioneta (f)	бајонет (м)	bajónet
espada (f)	мач (м)	mač
sabre (m)	сабља (ж)	sáblja
lança (f)	копље (с)	kóplje
arco (m)	лук (м)	luk
flecha (f)	стрела (ж)	stréla
mosquete (m)	мускета (ж)	músketa
besta (f)	самострел (м)	sámostrel

115. Povos da antiguidade

primitivo (adj)	првобитни	pŕvobitni
pré-histórico (adj)	праисторијски	praistórijski
antigo (adj)	древни	drévni
Idade (f) da Pedra	Камено доба (c)	Kámeno dóba
Idade (f) do Bronze	Бронзано доба (c)	Brónzano dóba
Era (f) do Gelo	Ледено доба (c)	Lédeno dóba
tribo (f)	племе (c)	pléme
canibal (m)	људождер (м)	ljudóžder
caçador (m)	ловац (м)	lóvac
caçar (vi)	ловити (нг)	lóviti
mamute (m)	мамут (м)	mámut
caverna (f)	пећина (ж)	pécina
fogo (m)	ватра (ж)	vátra
fogueira (f)	логорска ватра (ж)	lógorska vátra
pintura (f) rupestre	пећинска слика (ж)	pécinska slíka
ferramenta (f)	алат (м)	álat
lança (f)	копље (c)	kóplje
machado (m) de pedra	камена секира (ж)	kámena sékira
guerrear (vt)	ратовати (нг)	rátovati
domesticar (vt)	припитомљивати (пг)	pripitomljívati
ídolo (m)	идол (м)	ídol
adorar, venerar (vt)	обожавати (пг)	obožávati
superstição (f)	сујеверје (c)	sújeverje
ritual (m)	обред (м)	óbred
evolução (f)	еволуција (ж)	evolúcija
desenvolvimento (m)	развој (м)	rázvoj
extinção (f)	нестанак (м)	néstanak
adaptar-se (vr)	прилагођавати се	prilagođávati se
arqueologia (f)	археологија (ж)	arheológija
arqueólogo (m)	археолог (м)	arheólog
arqueológico (adj)	археолошки	arheólóški
escavação (sítio)	археолошко налазиште (c)	arheólóško nálazište
escavações (f pl)	ископине (мн)	ískopine
achado (m)	налаз (м)	nálaz
fragmento (m)	фрагмент (м)	frágment

116. Idade média

povo (m)	народ (м)	národ
povos (m pl)	народи (мн)	národi
tribo (f)	племе (c)	pléme
tribos (f pl)	племена (мн)	plemena
bárbaros (pl)	Варвари (мн)	Várvari

galeses (pl)	Гали (мн)	Gáli
godos (pl)	Готи (мн)	Góti
eslavos (pl)	Славени (мн)	Slavéni
viquingues (pl)	Викинзи (мн)	Víkinzi
romanos (pl)	Римљани (мн)	Rímljani
romano (adj)	римски	rímski
bizantinos (pl)	Византијци (мн)	Vizántijci
Bizâncio	Византија (ж)	Vizántija
bizantino (adj)	византијски	vizántijski
imperador (m)	император (м)	imperátor
líder (m)	вођа, поглавица (м)	vóđa, póglavica
poderoso (adj)	моћан	móćan
rei (m)	краљ (м)	kralj
governante (m)	владар (м)	vládar
cavaleiro (m)	витез (м)	vítez
senhor feudal (m)	феудалац (м)	feudálac
feudal (adj)	феудалан	féudalan
vassalo (m)	вазал (м)	vázal
duque (m)	војвода (м)	vójvoda
conde (m)	гроф (м)	grof
barão (m)	барон (м)	báron
bispo (m)	епископ (м)	épiskop
armadura (f)	оклоп (м)	óklop
escudo (m)	штит (м)	štit
espada (f)	мач (м)	mač
viseira (f)	визир (м)	vízir
cota (f) de malha	панцирна кошуља (ж)	páncirna kóšulja
cruzada (f)	крсташки рат (м)	kŕstaški rat
cruzado (m)	крсташ (м)	kŕstaš
território (m)	територија (ж)	teritórija
atacar (vt)	нападати (нг)	nápadati
conquistar (vt)	освојити (пг)	osvójiti
ocupar, invadir (vt)	окупирати (пг)	okupírati
assédio, sítio (m)	опсада (ж)	ópsada
sitiado (adj)	опсађени	ópsađeni
assediar, sitiar (vt)	опколити (пг)	opkóliti
inquisição (f)	инквизиција (ж)	inkvizícija
inquisidor (m)	инквизитор (м)	inkvízitor
tortura (f)	тортура (ж)	tortúra
cruel (adj)	окрутан	ókrutan
herege (m)	јеретик (м)	jéretik
heresia (f)	јерес (ж)	jéres
navegação (f) marítima	морепловство (с)	moreplóvstvo
pirata (m)	гусар (м)	gúsar
pirataria (f)	гусарство (с)	gúsarstvo

abordagem (f)	укрцај (м), укрцавање (с)	úkrcaj, ukrcávanje
presa (f), butim (m)	плен (м)	plen
tesouros (m pl)	благо (с)	blágo

descobrimento (m)	откриће (с)	otkríće
descobrir (novas terras)	открити (nr)	ótkriti
expedição (f)	експедиција (ж)	ekspedícija

mosqueteiro (m)	мускетар (м)	músketar
cardeal (m)	кардинал (м)	kardínal
heráldica (f)	хералдика (ж)	heráldika
heráldico (adj)	хералдички	heráldički

117. Líder. Chefe. Autoridades

rei (m)	краљ (м)	kralj
rainha (f)	краљица (ж)	králjica
real (adj)	краљевски	králjevski
reino (m)	краљевина (ж)	králjevina

| príncipe (m) | принц (м) | princ |
| princesa (f) | принцеза (ж) | princéza |

presidente (m)	председник (м)	prédsednik
vice-presidente (m)	потпредседник (м)	potprédsednik
senador (m)	сенатор (м)	sénator

monarca (m)	монарх (м)	mónarh
governante (m)	владар (м)	vládar
ditador (m)	диктатор (м)	diktátor
tirano (m)	тиранин (м)	tíranin
magnata (m)	магнат (м)	mágnat

diretor (m)	директор (м)	dírektor
chefe (m)	шеф (м)	šef
gerente (m)	менаџер (м)	ménadžer
patrão (m)	газда (м)	gázda
dono (m)	власник (м)	vlásnik

líder (m)	вођа, лидер (м)	vóđa, líder
chefe (m)	глава (ж)	gláva
autoridades (f pl)	власти (мн)	vlásti
superiores (m pl)	руководство (с)	rúkovodstvo

governador (m)	гувернер (м)	guvérner
cônsul (m)	конзул (м)	kónzul
diplomata (m)	дипломат (м)	diplómat
Presidente (m) da Câmara	градоначелник (м)	gradonáčelnik
xerife (m)	шериф (м)	šérif

imperador (m)	император (м)	imperátor
czar (m)	цар (м)	car
faraó (m)	фараон (м)	faráon
cã, khan (m)	кан (м)	kan

118. Violação da lei. Criminosos. Parte 1

bandido (m)	бандит (м)	bándit
crime (m)	злочин (м)	zlóčin
criminoso (m)	злочинац (м)	zlóčinac
ladrão (m)	лопов (м)	lópov
roubar (vt)	красти (нг, пг)	krásti
roubo (atividade)	крађа (ж)	kráđa
furto (m)	крађа (ж)	kráđa
raptar, sequestrar (vt)	киднаповати (пг)	kidnapóvati
sequestro (m)	отмица (ж), киднаповање (с)	ótmica, kidnapovanje
sequestrador (m)	киднапер (м)	kidnáper
resgate (m)	откуп (м)	ótkup
pedir resgate	тражити откуп	trážiti ótkup
roubar (vt)	пљачкати (пг)	pljáčkati
assalto, roubo (m)	пљачка (ж)	pljáčka
assaltante (m)	пљачкаш (м)	pljáčkaš
extorquir (vt)	уцењивати (пг)	ucenjívati
extorsionário (m)	изнуђивач (м)	iznuđívač
extorsão (f)	изнуђивање (с)	iznuđívanje
matar, assassinar (vt)	убити (пг)	úbiti
homicídio (m)	убиство (с)	úbistvo
homicida, assassino (m)	убица (м)	úbica
tiro (m)	пуцањ (м)	púcanj
dar um tiro	пуцати (нг)	púcati
matar a tiro	устрелити (пг)	ustréliti
disparar, atirar (vi)	пуцати (нг)	púcati
tiroteio (m)	пуцњава (ж)	púcnjava
incidente (m)	инцидент (м)	incídent
briga (~ de rua)	туча (ж)	túča
Socorro!	Упомоћ! У помоћ!	Upómoć! U pómoć!
vítima (f)	жртва (ж)	žŕtva
danificar (vt)	оштетити (пг)	óštetiti
dano (m)	штета (ж)	štéta
cadáver (m)	леш (м)	leš
grave (adj)	тежак	téžak
atacar (vt)	нападати (нг)	nápadati
bater (espancar)	ударати (пг)	údarati
espancar (vt)	претући (пг)	prétući
tirar, roubar (dinheiro)	отети (пг)	óteti
esfaquear (vt)	избости ножем	ízbosti nóžem
mutilar (vt)	осакатити (пг)	osákatiti
ferir (vt)	ранити (пг)	rániti
chantagem (f)	уцењивање (с)	ucenjívanje

chantagear (vt)	уцењивати (пг)	ucenjívati
chantagista (m)	уцењивач (м)	ucenjívač
extorsão (f)	рекет (м)	réket
extorsionário (m)	рекеташ (м)	réketaš
gângster (m)	гангстер (м)	gángster
máfia (f)	мафија (ж)	máfija
punguista (m)	џепарош (м)	džéparoš
assaltante, ladrão (m)	обијач (м)	obíjač
contrabando (m)	шверц (м)	šverc
contrabandista (m)	кријумчар (м)	kríjumčar
falsificação (f)	кривотворење (с)	krivotvórenje
falsificar (vt)	кривотворити (пг)	krivotvóriti
falsificado (adj)	лажни	lážni

119. Violação da lei. Criminosos. Parte 2

estupro (m)	силовање (с)	sílovanje
estuprar (vt)	силовати (пг)	sílovati
estuprador (m)	силоватељ (м)	silóvatelj
maníaco (m)	манијак (м)	mánijak
prostituta (f)	проститутка (ж)	próstitutka
prostituição (f)	проституција (ж)	prostitúcija
cafetão (m)	макро (м)	mákro
drogado (m)	наркоман (м)	nárkoman
traficante (m)	продавац (м) дроге	prodávac dróge
explodir (vt)	разнети (пг)	rázneti
explosão (f)	експлозија (ж)	eksplózija
incendiar (vt)	запалити (пг)	zapáliti
incendiário (m)	потпаљивач (м)	potpaljívač
terrorismo (m)	тероризам (м)	terorízam
terrorista (m)	терориста (м)	terorísta
refém (m)	талац (м)	tálac
enganar (vt)	преварити (пг)	prévariti
engano (m)	превара (ж)	prévara
vigarista (m)	варалица (м)	váralica
subornar (vt)	потплатити (пг)	potplátiti
suborno (atividade)	подмићивање (с)	podmićívanje
suborno (dinheiro)	мито (с)	míto
veneno (m)	отров (м)	ótrov
envenenar (vt)	отровати (пг)	otróvati
envenenar-se (vr)	отровати се	otróvati se
suicídio (m)	самоубиство (с)	samoubístvo
suicida (m)	самоубица (м, ж)	samoubíca

ameaçar (vt)	претити (нг)	prétiti
ameaça (f)	претња (ж)	prétnja
atentar contra a vida de ...	покушавати (пг)	pokušávati
atentado (m)	покушај, атентат (м)	pókušaj, aténtat

| roubar (um carro) | украсти, отети (пг) | úkrasti, óteti |
| sequestrar (um avião) | отети (пг) | óteti |

| vingança (f) | освета (ж) | ósveta |
| vingar (vt) | освећивати (пг) | osvećívati |

torturar (vt)	мучити (пг)	múčiti
tortura (f)	тортура (ж)	tortúra
atormentar (vt)	мучити (пг)	múčiti

pirata (m)	гусар (м)	gúsar
desordeiro (m)	хулиган (м)	húligan
armado (adj)	наоружан	náoružan
violência (f)	насиље (с)	násilje
ilegal (adj)	илегалан	ílegalan

| espionagem (f) | шпијунажа (ж) | špijunáža |
| espionar (vi) | шпијунирати (нг) | špijunírati |

120. Polícia. Lei. Parte 1

| justiça (sistema de ~) | правосуђе (с) | právosuđe |
| tribunal (m) | суд (м) | sud |

juiz (m)	судија (м)	súdija
jurados (m pl)	поротници (мн)	pórotnici
tribunal (m) do júri	суђење (с) пред поротом	súđenje pred pórotom
julgar (vt)	судити (нг)	súditi

advogado (m)	адвокат (м)	advókat
réu (m)	окривљеник (м)	ókrivljenik
banco (m) dos réus	оптуженичка клупа (ж)	optuženička klúpa

| acusação (f) | оптужба (ж) | óptužba |
| acusado (m) | оптуженик (м) | óptuženik |

| sentença (f) | пресуда (ж) | présuda |
| sentenciar (vt) | осудити (пг) | osúditi |

culpado (m)	кривац (м)	krívac
punir (vt)	казнити (пг)	kázniti
punição (f)	казна (ж)	kázna

multa (f)	новчана казна (ж)	nóvčana kázna
prisão (f) perpétua	доживотна робија (ж)	dóživotna róbija
pena (f) de morte	смртна казна (ж)	smŕtna kázna
cadeira (f) elétrica	електрична столица (ж)	eléktrična stólica
forca (f)	вешала (мн)	véšala
executar (vt)	смакнути (пг)	smáknuti

execução (f)	казна (ж)	kázna
prisão (f)	затвор (м)	zátvor
cela (f) de prisão	ћелија (ж)	ćelija
escolta (f)	пратња (ж)	prátnja
guarda (m) prisional	чувар (м)	čúvar
preso, prisioneiro (m)	затвореник (м)	zatvorénik
algemas (f pl)	лисице (мн)	lísice
algemar (vt)	ставити лисице	stáviti lísice
fuga, evasão (f)	бекство (с)	békstvo
fugir (vi)	побећи (нг)	póbeći
desaparecer (vi)	ишчезнути (нг)	íščeznuti
soltar, libertar (vt)	ослободити (пг)	oslobóditi
anistia (f)	амнестија (ж)	amnéstija
polícia (instituição)	полиција (ж)	polícija
polícia (m)	полицајац (м)	policájac
delegacia (f) de polícia	полицијска станица (ж)	polícijska stánica
cassetete (m)	пендрек (м)	péndrek
megafone (m)	мегафон (м)	mégafon
carro (m) de patrulha	патролна кола (ж)	pátrolna kóla
sirene (f)	сирена (ж)	siréna
ligar a sirene	укључити сирену	uključiti sirénu
toque (m) da sirene	звук (м) сирене	zvuk siréne
cena (f) do crime	место (с) жлочина	mésto žlóčina
testemunha (f)	сведок (м)	svédok
liberdade (f)	слобода (ж)	slobóda
cúmplice (m)	саучесник (м)	sáučesnik
escapar (vi)	побећи (нг)	póbeći
traço (não deixar ~s)	траг (м)	trag

121. Polícia. Lei. Parte 2

procura (f)	потрага (ж)	pótraga
procurar (vt)	тражити (пг)	trážiti
suspeita (f)	сумња (ж)	súmnja
suspeito (adj)	сумњив	súmnjiv
parar (veículo, etc.)	зауставити (пг)	záustaviti
deter (fazer parar)	задржати (пг)	zadŕžati
caso (~ criminal)	кривични предмет (м)	krívični prédmet
investigação (f)	истрага (ж)	ístraga
detetive (m)	детектив (м)	detéktiv
investigador (m)	истражитељ (м)	istrážitelj
versão (f)	верзија (ж)	vérzija
motivo (m)	мотив (м)	mótiv
interrogatório (m)	саслушавање (с)	saslušávanje
interrogar (vt)	саслушати (пг)	sáslušati
questionar (vt)	испитивати (пг)	ispítivati

verificação (f)	провера (ж)	próvera
batida (f) policial	рација (ж)	rácija
busca (f)	претрес (м)	prétres
perseguição (f)	потера (ж)	pótera
perseguir (vt)	гонити (пг)	góniti
seguir, rastrear (vt)	пратити (пг)	prátiti
prisão (f)	хапшење (с)	hápšenje
prender (vt)	ухапсити (пг)	úhapsiti
pegar, capturar (vt)	ухватити (пг)	úhvatiti
captura (f)	хватање, хапшење (с)	hvátanje, hápšenje
documento (m)	докуменат (м)	dokúmenat
prova (f)	доказ (м)	dókaz
provar (vt)	доказивати (пг)	dokazívati
pegada (f)	отисак (м) стопала	ótisak stópala
impressões (f pl) digitais	отисци (мн) прстију	ótisci pŕstiju
prova (f)	доказ (м)	dókaz
álibi (m)	алиби (м)	álibi
inocente (adj)	недужан	nédužan
injustiça (f)	неправда (ж)	népravda
injusto (adj)	неправедан	népravedan
criminal (adj)	криминалан	kríminalan
confiscar (vt)	конфисковати (пг)	kónfiskovati
droga (f)	дрога (ж)	dróga
arma (f)	оружје (с)	óružje
desarmar (vt)	разоружати (пг)	razorúžati
ordenar (vt)	наређивати (пг)	naređívati
desaparecer (vi)	ишчезнути (нг)	íščeznuti
lei (f)	закон (м)	zákon
legal (adj)	законит	zákonit
ilegal (adj)	незаконит	nezákonit
responsabilidade (f)	одговорност (ж)	odgovórnost
responsável (adj)	одговоран	ódgovoran

NATUREZA

A Terra. Parte 1

122. Espaço sideral

espaço, cosmo (m)	свемир (м)	svémir
espacial, cósmico (adj)	космички	kósmički
espaço (m) cósmico	свемирски простор (м)	svémirski próstor
mundo (m)	свет (м)	svet
universo (m)	универзум (м)	univérzum
galáxia (f)	галаксија (ж)	galáksija
estrela (f)	звезда (ж)	zvézda
constelação (f)	сазвежђе (с)	sázvežđe
planeta (m)	планета (ж)	planéta
satélite (m)	сателит (м)	satélit
meteorito (m)	метеорит (м)	meteórit
cometa (m)	комета (ж)	kométa
asteroide (m)	астероид (м)	asteróid
órbita (f)	путања, орбита (ж)	pútanja, órbita
girar (vi)	окретати се	okrétati se
atmosfera (f)	атмосфера (ж)	atmosféra
Sol (m)	Сунце (с)	Súnce
Sistema (m) Solar	Сунчев систем (м)	Súnčev sístem
eclipse (m) solar	Помрачење (с) Сунца	Pomračénje Súnca
Terra (f)	Земља (ж)	Zémlja
Lua (f)	Месец (м)	Mésec
Marte (m)	Марс (м)	Mars
Vênus (f)	Венера (ж)	Venéra
Júpiter (m)	Јупитер (м)	Júpiter
Saturno (m)	Сатурн (м)	Sáturn
Mercúrio (m)	Меркур (м)	Mérkur
Urano (m)	Уран (м)	Uran
Netuno (m)	Нептун (м)	Néptun
Plutão (m)	Плутон (м)	Plúton
Via Láctea (f)	Млечни пут (м)	Mléčni put
Ursa Maior (f)	Велики медвед (м)	Véliki médved
Estrela Polar (f)	Северњача (ж)	Sevérnjača
marciano (m)	марсовац (м)	marsóvac
extraterrestre (m)	ванземаљац (м)	vanzemáljac

alienígena (m)	свемирац (м)	svemírac
disco (m) voador	летећи тањир (м)	léteći tánjir
espaçonave (f)	свемирски брод (м)	svémirski brod
estação (f) orbital	орбитална станица (ж)	órbitalna stánica
lançamento (m)	лансирање (с)	lánsiranje
motor (m)	мотор (м)	mótor
bocal (m)	млазница (ж)	mláznica
combustível (m)	гориво (с)	górivo
cabine (f)	кабина (ж)	kabína
antena (f)	антена (ж)	anténa
vigia (f)	бродски прозор (м)	bródski prózor
bateria (f) solar	соларни панел (м)	sólarni pánel
traje (m) espacial	скафандар (м)	skafándar
imponderabilidade (f)	бестежинско стање (с)	béstežinsko stánje
oxigênio (m)	кисеоник (м)	kiseónik
acoplagem (f)	пристајање (с)	prístajanje
fazer uma acoplagem	спајати се (нг)	spájati se
observatório (m)	опсерваторија (ж)	opservatórija
telescópio (m)	телескоп (м)	téleskop
observar (vt)	посматрати (нг)	posmátrati
explorar (vt)	истраживати (пг)	istražívati

123. A Terra

Terra (f)	Земља (ж)	Zémlja
globo terrestre (Terra)	земљина кугла (ж)	zémljina kúgla
planeta (m)	планета (ж)	planéta
atmosfera (f)	атмосфера (ж)	atmosféra
geografia (f)	географија (ж)	geográfija
natureza (f)	природа (ж)	príroda
globo (mapa esférico)	глобус (м)	glóbus
mapa (m)	мапа (ж)	mápa
atlas (m)	атлас (м)	átlas
Europa (f)	Европа (ж)	Evrópa
Ásia (f)	Азија (ж)	Ázija
África (f)	Африка (ж)	Áfrika
Austrália (f)	Аустралија (ж)	Austrálija
América (f)	Америка (ж)	Amérika
América (f) do Norte	Северна Америка (ж)	Séverna Amérika
América (f) do Sul	Јужна Америка (ж)	Júžna Amérika
Antártida (f)	Антарктик (м)	Antárktik
Ártico (m)	Арктик (м)	Árktik

124. Pontos cardeais

norte (m)	север (м)	séver
para norte	према северу	préma séveru
no norte	на северу	na séveru
do norte (adj)	северни	séverni
sul (m)	југ (м)	jug
para sul	према југу	préma júgu
no sul	на југу	na júgu
do sul (adj)	јужни	júžni
oeste, ocidente (m)	запад (м)	západ
para oeste	према западу	préma západu
no oeste	на западу	na západu
ocidental (adj)	западни	západni
leste, oriente (m)	исток (м)	ístok
para leste	према истоку	préma ístoku
no leste	на истоку	na ístoku
oriental (adj)	источни	ístočni

125. Mar. Oceano

mar (m)	море (с)	móre
oceano (m)	океан (м)	okéan
golfo (m)	залив (м)	záliv
estreito (m)	мореуз (м)	móreuz
terra (f) firme	копно (с)	kópno
continente (m)	континент (м)	kontínent
ilha (f)	острво (с)	óstrvo
península (f)	полуострво (с)	poluóstrvo
arquipélago (m)	архипелаг (м)	arhipélag
baía (f)	залив (м)	záliv
porto (m)	лука (ж)	lúka
lagoa (f)	лагуна (ж)	lagúna
cabo (m)	рт (м)	ŕt
atol (m)	атол (м)	átol
recife (m)	гребен (м)	grében
coral (m)	корал (м)	kóral
recife (m) de coral	корални гребен (м)	kóralni grében
profundo (adj)	дубок	dúbok
profundidade (f)	дубина (ж)	dubína
abismo (m)	бездан (м)	bézdan
fossa (f) oceânica	ров (м)	rov
corrente (f)	струја (ж)	strúja
banhar (vt)	окруживати (пг)	okružívati
litoral (m)	обала (ж)	óbala

costa (f)	обала (ж)	óbala
maré (f) alta	плима (ж)	plíma
refluxo (m)	осека (ж)	óseka
restinga (f)	плићак (м)	plíćak
fundo (m)	дно (c)	dno
onda (f)	талас (м)	tálas
crista (f) da onda	гребен (м) таласа	grében talasá
espuma (f)	пена (ж)	péna
tempestade (f)	морска олуја (ж)	mórska olúja
furacão (m)	ураган (м)	úragan
tsunami (m)	цунами (м)	cunámi
calmaria (f)	безветрица (ж)	bézvetrica
calmo (adj)	миран	míran
polo (m)	пол (м)	pol
polar (adj)	поларни	pólarni
latitude (f)	ширина (ж)	širína
longitude (f)	дужина (ж)	dužína
paralela (f)	паралела (ж)	paraléla
equador (m)	екватор (м)	ékvator
céu (m)	небо (c)	nébo
horizonte (m)	хоризонт (м)	horízont
ar (m)	ваздух (м)	vázduh
farol (m)	светионик (м)	svetiónik
mergulhar (vi)	ронити (нг)	róniti
afundar-se (vr)	потонути (нг)	potónuti
tesouros (m pl)	благо (c)	blágo

126. Nomes de Mares e Oceanos

Oceano (m) Atlântico	Атлантски океан (м)	Átlantski okéan
Oceano (m) Índico	Индијски океан (м)	Índijski okéan
Oceano (m) Pacífico	Тихи океан (м)	Tíhi okéan
Oceano (m) Ártico	Северни Ледени океан (м)	Séverni Lédeni okéan
Mar (m) Negro	Црно море (c)	Cŕno móre
Mar (m) Vermelho	Црвено море (c)	Cŕveno móre
Mar (m) Amarelo	Жуто море (c)	Žúto móre
Mar (m) Branco	Бело море (c)	Bélo móre
Mar (m) Cáspio	Каспијско море (c)	Káspijsko móre
Mar (m) Morto	Мртво море (c)	Mŕtvo móre
Mar (m) Mediterrâneo	Средоземно море (c)	Sredózemno móre
Mar (m) Egeu	Егејско море (c)	Egejsko móre
Mar (m) Adriático	Јадранско море (c)	Jádransko móre
Mar (m) Arábico	Арабијско море (c)	Arábijsko móre
Mar (m) do Japão	Јапанско море (c)	Jápansko móre

| Mar (m) de Bering | Берингово море (c) | Béringovo móre |
| Mar (m) da China Meridional | Јужно Кинеско море (c) | Južno Kinésko móre |

Mar (m) de Coral	Корално море (c)	Kóralno more
Mar (m) de Tasman	Тасманово море (c)	Tasmánovo móre
Mar (m) do Caribe	Карипско море (c)	Káripsko móre

| Mar (m) de Barents | Баренцово море (c) | Bárencovo móre |
| Mar (m) de Kara | Карско море (c) | Kársko móre |

Mar (m) do Norte	Северно море (c)	Séverno móre
Mar (m) Báltico	Балтичко море (c)	Báltičko móre
Mar (m) da Noruega	Норвешко море (c)	Nórveško móre

127. Montanhas

montanha (f)	планина (ж)	planína
cordilheira (f)	планински венац (м)	pláninski vénac
serra (f)	планински гребен (м)	pláninski grében

cume (m)	врх (м)	vȑh
pico (m)	планиски врх (м)	plániski vȑh
pé (m)	подножје (c)	pódnožje
declive (m)	нагиб (м), падина (ж)	nágib, pádina

vulcão (m)	вулкан (м)	vúlkan
vulcão (m) ativo	активни вулкан (м)	áktivni vúlkan
vulcão (m) extinto	угашени вулкан (м)	úgašeni vúlkan

erupção (f)	ерупција (ж)	erúpcija
cratera (f)	кратер (м)	kráter
magma (m)	магма (ж)	mágma
lava (f)	лава (ж)	láva
fundido (lava ~a)	врућ	vrúć

cânion, desfiladeiro (m)	кањон (м)	kánjon
garganta (f)	клисура (ж)	klisúra
fenda (f)	пукотина (ж)	púkotina
precipício (m)	амбис, понор (м)	ámbis, pónor

passo, colo (m)	превој (м)	prévoj
planalto (m)	висораван (ж)	vísoravan
falésia (f)	литица (ж)	lítica
colina (f)	брег (м)	breg

geleira (f)	леденик (м)	ledénik
cachoeira (f)	водопад (м)	vódopad
gêiser (m)	гејзер (м)	géjzer
lago (m)	језеро (c)	jézero

planície (f)	равница (ж)	ravníca
paisagem (f)	пејзаж (м)	péjzaž
eco (m)	одјек (м)	ódjek
alpinista (m)	планинар (м)	planínar

escalador (m)	алпиниста (м)	alpinísta
conquistar (vt)	освајати (пг)	osvájati
subida, escalada (f)	пењање (с)	pénjanje

128. Nomes de montanhas

Alpes (m pl)	Алпи (мн)	Álpi
Monte Branco (m)	Монблан (м)	Mónblan
Pirineus (m pl)	Пиренеји (мн)	Pirenéji
Cárpatos (m pl)	Карпати (мн)	Karpáti
Urais (m pl)	Уралске планине (мн)	Uralske planíne
Cáucaso (m)	Кавказ (м)	Kávkaz
Elbrus (m)	Елбрус (м)	Elbrus
Altai (m)	Алтај (м)	Altaj
Tian Shan (m)	Тјен Шан, Тјаншан (м)	Tjen Šan, Tjánšan
Pamir (m)	Памир (м)	Pámir
Himalaia (m)	Хималаји (мн)	Himaláji
monte Everest (m)	Еверест (м)	Everest
Cordilheira (f) dos Andes	Анди (мн)	Andi
Kilimanjaro (m)	Килиманџаро (м)	Kilimandžáro

129. Rios

rio (m)	река (ж)	réka
fonte, nascente (f)	извор (м)	ízvor
leito (m) de rio	корито (с)	kórito
bacia (f)	слив (м)	sliv
desaguar no ...	уливати се	ulívati se
afluente (m)	притока (ж)	prítoka
margem (do rio)	обала (ж)	óbala
corrente (f)	ток (м)	tok
rio abaixo	низводно	nízvodno
rio acima	узводно	úzvodno
inundação (f)	поплава (ж)	póplava
cheia (f)	поводањ (м)	póvodanj
transbordar (vi)	изливати се	izlívati se
inundar (vt)	преплавити (пг)	prepláviti
banco (m) de areia	плићак (м)	plíćak
corredeira (f)	брзак (м)	br̂zak
barragem (f)	брана (ж)	brána
canal (m)	канал (м)	kánal
reservatório (m) de água	вештачко језеро (с)	véštačko jézero
eclusa (f)	преводница (ж)	prévodnica
corpo (m) de água	резервоар (м)	rezervóar

pântano (m)	мочвара (ж)	móčvara
lamaçal (m)	баруштина (ж)	báruština
redemoinho (m)	вртлог (м)	vŕtlog
riacho (m)	поток (м)	pótok
potável (adj)	питка	pítka
doce (água)	слатка	slátka
gelo (m)	лед (м)	led
congelar-se (vr)	смрзнути се	smŕznuti se

130. Nomes de rios

rio Sena (m)	Сена (ж)	Séna
rio Loire (m)	Лоара (ж)	Loára
rio Tâmisa (m)	Темза (ж)	Témza
rio Reno (m)	Рајна (ж)	Rájna
rio Danúbio (m)	Дунав (м)	Dúnav
rio Volga (m)	Волга (ж)	Vólga
rio Don (m)	Дон (м)	Don
rio Lena (m)	Лена (ж)	Léna
rio Amarelo (m)	Хуангхе (м)	Huánghe
rio Yangtzé (m)	Јангце (м)	Jangcé
rio Mekong (m)	Меконг (м)	Mékong
rio Ganges (m)	Ганг (м)	Gang
rio Nilo (m)	Нил (м)	Nil
rio Congo (m)	Конго (м)	Kóngo
rio Cubango (m)	Окаванго (м)	Okavángo
rio Zambeze (m)	Замбези (м)	Zambézi
rio Limpopo (m)	Лимпопо (м)	Limpópo
rio Mississippi (m)	Мисисипи (м)	Misisípi

131. Floresta

floresta (f), bosque (m)	шума (ж)	šúma
florestal (adj)	шумски	šúmski
mata (f) fechada	честар (м)	čéstar
arvoredo (m)	шумарак (м)	šumárak
clareira (f)	пропланак (м)	próplanak
matagal (m)	шипраг (м), шикара (ж)	šíprag, šíkara
mato (m), caatinga (f)	жбуње (с)	žbúnje
pequena trilha (f)	стаза (ж)	stáza
ravina (f)	јаруга (ж)	járuga
árvore (f)	дрво (с)	dŕvo
folha (f)	лист (м)	list

folhagem (f)	лишће (c)	líšće
queda (f) das folhas	листопад (м)	lístopad
cair (vi)	опадати (нг)	ópadati
topo (m)	врх (м)	vŕh

ramo (m)	грана (ж)	grána
galho (m)	грана (ж)	grána
botão (m)	пупољак (м)	púpoljak
agulha (f)	иглица (ж)	íglica
pinha (f)	шишарка (ж)	šíšarka

buraco (m) de árvore	дупља (ж)	dúplja
ninho (m)	гнездо (c)	gnézdo
toca (f)	јазбина, рупа (ж)	jázbina, rúpa

tronco (m)	стабло (c)	stáblo
raiz (f)	корен (м)	kóren
casca (f) de árvore	кора (ж)	kóra
musgo (m)	маховина (ж)	máhovina

arrancar pela raiz	крчити (нг)	kŕčiti
cortar (vt)	сећи (нг)	séći
desflorestar (vt)	крчити шуму	krčiti šúmu
toco, cepo (m)	пањ (м)	panj

fogueira (f)	логорска ватра (ж)	lógorska vátra
incêndio (m) florestal	шумски пожар (м)	šúmski póžar
apagar (vt)	гасити (нг)	gásiti

guarda-parque (m)	шумар (м)	šúmar
proteção (f)	заштита (ж)	záštita
proteger (a natureza)	штитити (нг)	štítiti
caçador (m) furtivo	ловокрадица (м)	lovokrádica
armadilha (f)	замка (ж)	zámka

| colher (cogumelos, bagas) | брати (нг) | bráti |
| perder-se (vr) | залутати (нг) | zalútati |

132. Recursos naturais

recursos (m pl) naturais	природна богатства (мн)	prírodna bógatstva
minerais (m pl)	рудна богатства (мн)	rúdna bógatstva
depósitos (m pl)	лежишта (мн)	léžišta
jazida (f)	налазиште (c)	nálazište

extrair (vt)	добијати (нг)	dobíjati
extração (f)	добијање (c)	dobíjanje
minério (m)	руда (ж)	rúda
mina (f)	рудник (м)	rúdnik
poço (m) de mina	рударско окно (c)	rúdarsko ókno
mineiro (m)	рудар (м)	rúdar

| gás (m) | гас (м) | gas |
| gasoduto (m) | плиновод (м) | plínovod |

petróleo (m)	нафта (ж)	náfta
oleoduto (m)	нафтовод (м)	náftovod
poço (m) de petróleo	нафтна бушотина (ж)	náftna búšotina
torre (f) petrolífera	нафтна платформа (ж)	náftna plátforma
petroleiro (m)	танкер (м)	tánker

areia (f)	песак (м)	pésak
calcário (m)	кречњак (м)	kréčnjak
cascalho (m)	шљунак (м)	šljúnak
turfa (f)	тресет (м)	tréset
argila (f)	глина (ж)	glína
carvão (m)	угаљ (м)	úgalj

ferro (m)	гвожђе (с)	gvóžđe
ouro (m)	злато (с)	zláto
prata (f)	сребро (с)	srébro
níquel (m)	никл (м)	nikl
cobre (m)	бакар (м)	bákar

zinco (m)	цинк (м)	cink
manganês (m)	манган (м)	mángan
mercúrio (m)	жива (ж)	žíva
chumbo (m)	олово (с)	ólovo

mineral (m)	минерал (м)	míneral
cristal (m)	кристал (м)	krístal
mármore (m)	мермер, мрамор (м)	mérmer, mrámor
urânio (m)	уран (м)	úran

A Terra. Parte 2

133. Tempo

tempo (m)	време (с)	vréme
previsão (f) do tempo	временска прогноза (ж)	vrémenska prognóza
temperatura (f)	температура (ж)	temperatúra
termômetro (m)	термометар (м)	térmometar
barômetro (m)	барометар (м)	bárometar
úmido (adj)	влажан	vlážan
umidade (f)	влажност (ж)	vlážnost
calor (m)	врућина (ж)	vrućína
tórrido (adj)	врућ	vruć
está muito calor	вруће је	vrúće je
está calor	топло је	tóplo je
quente (morno)	топао	tópao
está frio	хладно је	hládno je
frio (adj)	хладан	hládan
sol (m)	сунце (с)	súnce
brilhar (vi)	сијати (нг)	síjati
de sol, ensolarado	сунчан	súnčan
nascer (vi)	изаћи (нг)	ízaći
pôr-se (vr)	заћи (нг)	záći
nuvem (f)	облак (м)	óblak
nublado (adj)	облачан	óblačan
nuvem (f) preta	кишни облак (м)	kíšni óblak
escuro, cinzento (adj)	тмуран	tmúran
chuva (f)	киша (ж)	kíša
está a chover	пада киша	páda kíša
chuvoso (adj)	кишовит	kišóvit
chuviscar (vi)	сипити (нг)	sípiti
chuva (f) torrencial	пљусак (м)	pljúsak
aguaceiro (m)	пљусак (м)	pljúsak
forte (chuva, etc.)	јак	jak
poça (f)	бара (ж)	bára
molhar-se (vr)	покиснути (нг)	pókisnuti
nevoeiro (m)	магла (ж)	mágla
de nevoeiro	магловит	maglóvit
neve (f)	снег (м)	sneg
está nevando	пада снег	páda sneg

134. Tempo extremo. Catástrofes naturais

trovoada (f)	олуја (ж)	olúja
relâmpago (m)	муња (ж)	múnja
relampejar (vi)	севати (нг)	sévati
trovão (m)	гром (м)	grom
trovejar (vi)	грмети (нг)	gŕmeti
está trovejando	грми	gŕmi
granizo (m)	град (м)	grad
está caindo granizo	пада град	páda grad
inundar (vt)	поплавити (пг)	póplaviti
inundação (f)	поплава (ж)	póplava
terremoto (m)	земљотрес (м)	zémljotres
abalo, tremor (m)	потрес (м)	pótres
epicentro (m)	епицентар (м)	epicéntar
erupção (f)	ерупција (ж)	erúpcija
lava (f)	лава (ж)	láva
tornado (m)	вихор (м)	víhor
tornado (m)	торнадо (м)	tórnado
tufão (m)	тајфун (м)	tájfun
furacão (m)	ураган (м)	úragan
tempestade (f)	олуја (ж)	olúja
tsunami (m)	цунами (м)	cunámi
ciclone (m)	циклон (м)	cíklon
mau tempo (m)	невреме (с)	névreme
incêndio (m)	пожар (м)	póžar
catástrofe (f)	катастрофа (ж)	katastrófa
meteorito (m)	метеорит (м)	meteórit
avalanche (f)	лавина (ж)	lávina
deslizamento (m) de neve	усов (м)	úsov
nevasca (f)	мећава (ж)	mćava
tempestade (f) de neve	мећава, вејавица (ж)	mćava, véjavica

Fauna

predador (m)	предатор, грабљивац (м)	prédator, grábljivac
tigre (m)	тигар (м)	tígar
leão (m)	лав (м)	lav
lobo (m)	вук (м)	vuk
raposa (f)	лисица (ж)	lísica
jaguar (m)	јагуар (м)	jáguar
leopardo (m)	леопард (м)	léopard
chita (f)	гепард (м)	gépard
pantera (f)	пантер (м)	pánter
puma (m)	пума (ж)	púma
leopardo-das-neves (m)	снежни леопард (м)	snéžni léopard
lince (m)	рис (м)	ris
coiote (m)	којот (м)	kójot
chacal (m)	шакал (м)	šákal
hiena (f)	хијена (ж)	hijéna

animal (m)	животиња (ж)	živótinja
besta (f)	звер (м)	zver
esquilo (m)	веверица (ж)	véverica
ouriço (m)	јеж (м)	jež
lebre (f)	зец (м)	zec
coelho (m)	кунић (м)	kúnić
texugo (m)	јазавац (м)	jázavac
guaxinim (m)	ракун (м)	rákun
hamster (m)	хрчак (м)	hŕčak
marmota (f)	мрмот (м)	mŕmot
toupeira (f)	кртица (ж)	kŕtica
rato (m)	миш (ж)	miš
ratazana (f)	пацов (м)	pácov
morcego (m)	слепи миш (м)	slépi miš
arminho (m)	хермелин (м)	hérmelin
zibelina (f)	самур (м)	sámur
marta (f)	куна (ж)	kúna
doninha (f)	ласица (ж)	lásica
visom (m)	нерц, визон (м)	nerc, vízon

castor (m)	дабар (м)	dábar
lontra (f)	видра (ж)	vídra
cavalo (m)	коњ (м)	konj
alce (m)	лос (м)	los
veado (m)	јелен (м)	jélen
camelo (m)	камила (ж)	kámila
bisão (m)	бизон (м)	bízon
auroque (m)	зубар (м)	zúbar
búfalo (m)	бивол (м)	bívol
zebra (f)	зебра (ж)	zébra
antílope (m)	антилопа (ж)	antilópa
corça (f)	срна (ж)	sŕna
gamo (m)	јелен лопатар (м)	jélen lópatar
camurça (f)	дивокоза (ж)	dívokoza
javali (m)	вепар (м)	vépar
baleia (f)	кит (м)	kit
foca (f)	фока (ж)	fóka
morsa (f)	морж (м)	morž
urso-marinho (m)	фока (ж)	fóka
golfinho (m)	делфин (м)	délfin
urso (m)	медвед (м)	médved
urso (m) polar	бели медвед (м)	béli médved
panda (m)	панда (ж)	pánda
macaco (m)	мајмун (м)	májmun
chimpanzé (m)	шимпанза (ж)	šimpánza
orangotango (m)	орангутан (м)	orangútan
gorila (m)	горила (ж)	goríla
macaco (m)	макаки (м)	makáki
gibão (m)	гибон (м)	gíbon
elefante (m)	слон (м)	slon
rinoceronte (m)	носорог (м)	nósorog
girafa (f)	жирафа (ж)	žiráfa
hipopótamo (m)	нилски коњ (м)	nílski konj
canguru (m)	кенгур (м)	kéngur
coala (m)	коала (ж)	koála
mangusto (m)	мунгос (м)	múngos
chinchila (f)	чинчила (ж)	čínčila
cangambá (f)	твор (м)	tvor
porco-espinho (m)	дикобраз (м)	díkobraz

137. Animais domésticos

gata (f)	мачка (ж)	máčka
gato (m) macho	мачак (м)	máčak
cão (m)	пас (м)	pas

cavalo (m)	коњ (м)	konj
garanhão (m)	ждребац (м)	ždrébac
égua (f)	кобила (ж)	kóbila
vaca (f)	крава (ж)	kráva
touro (m)	бик (м)	bik
boi (m)	во (м)	vo
ovelha (f)	овца (ж)	óvca
carneiro (m)	ован (м)	óvan
cabra (f)	коза (ж)	kóza
bode (m)	јарац (м)	járac
burro (m)	магарац (м)	mágarac
mula (f)	мазга (ж)	mázga
porco (m)	свиња (ж)	svínja
leitão (m)	прасе (с)	práse
coelho (m)	кунић, домаћи зец (м)	kúnić, dómaći zec
galinha (f)	кокош (ж)	kókoš
galo (m)	певац (м)	pévac
pata (f), pato (m)	патка (ж)	pátka
pato (m)	патак (м)	pátak
ganso (m)	гуска (ж)	gúska
peru (m)	ћуран (м)	ćúran
perua (f)	ћурка (ж)	ćúrka
animais (m pl) domésticos	домаће животиње (мн)	domáće živótinje
domesticado (adj)	питом	pítom
domesticar (vt)	припитомљивати (пг)	pripitomljívati
criar (vt)	узгајати (пг)	uzgájati
fazenda (f)	фарма (ж)	fárma
aves (f pl) domésticas	живина (ж)	živína
gado (m)	стока (ж)	stóka
rebanho (m), manada (f)	стадо (с)	stádo
estábulo (m)	штала (ж)	štála
chiqueiro (m)	свињац (м)	svínjac
estábulo (m)	стаја (ж)	stája
coelheira (f)	зечињак (м)	zéčinjak
galinheiro (m)	кокошињац (м)	kókošinjac

138. Pássaros

pássaro (m), ave (f)	птица (ж)	ptíca
pombo (m)	голуб (м)	gólub
pardal (m)	врабац (м)	vrábac
chapim-real (m)	сеница (ж)	sénica
pega-rabuda (f)	сврака (ж)	svráka
corvo (m)	гавран (м)	gávran

gralha-cinzenta (f)	**врана** (ж)	vrána
gralha-de-nuca-cinzenta (f)	**чавка** (ж)	čávka
gralha-calva (f)	**гачац** (м)	gáčac
pato (m)	**патка** (ж)	pátka
ganso (m)	**гуска** (ж)	gúska
faisão (m)	**фазан** (м)	fázan
águia (f)	**орао** (м)	órao
açor (m)	**јастреб** (м)	jástreb
falcão (m)	**соко** (м)	sóko
abutre (m)	**суп** (м)	sup
condor (m)	**кондор** (м)	kóndor
cisne (m)	**лабуд** (м)	lábud
grou (m)	**ждрал** (м)	ždral
cegonha (f)	**рода** (ж)	róda
papagaio (m)	**папагај** (м)	papágaj
beija-flor (m)	**колибри** (м)	kolíbri
pavão (m)	**паун** (м)	páun
avestruz (m)	**ној** (м)	noj
garça (f)	**чапља** (ж)	čáplja
flamingo (m)	**фламинго** (м)	flamíngo
pelicano (m)	**пеликан** (м)	pelíkan
rouxinol (m)	**славуј** (м)	slávuj
andorinha (f)	**ластавица** (ж)	lástavica
tordo-zornal (m)	**дрозд** (м)	drozd
tordo-músico (m)	**дрозд певач** (м)	drozd pevač
melro-preto (m)	**кос** (м)	kos
andorinhão (m)	**брегуница** (ж)	brégunica
cotovia (f)	**шева** (ж)	ševa
codorna (f)	**препелица** (ж)	prépelica
pica-pau (m)	**детлић** (м)	détlić
cuco (m)	**кукавица** (ж)	kúkavica
coruja (f)	**сова** (ж)	sóva
bufo-real (m)	**совуљага** (ж)	sovúljaga
tetraz-grande (m)	**велики тетреб** (м)	véliki tétreb
tetraz-lira (m)	**мали тетреб** (м)	máli tétreb
perdiz-cinzenta (f)	**јаребица** (ж)	jarébica
estorninho (m)	**чворак** (м)	čvórak
canário (m)	**канаринац** (м)	kanarínac
galinha-do-mato (f)	**лештарка** (ж)	léštarka
tentilhão (m)	**зеба** (ж)	zéba
dom-fafe (m)	**зимовка** (ж)	zímovka
gaivota (f)	**галеб** (м)	gáleb
albatroz (m)	**албатрос** (м)	álbatros
pinguim (m)	**пингвин** (м)	píngvin

139. Peixes. Animais marinhos

brema (f)	деверика (ж)	devérika
carpa (f)	шаран (м)	šáran
perca (f)	гргеч (м)	gŕgeč
siluro (m)	сом (м)	som
lúcio (m)	штука (ж)	štúka

salmão (m)	лосос (м)	lósos
esturjão (m)	јесетра (ж)	jésetra

arenque (m)	харинга (ж)	háringa
salmão (m) do Atlântico	атлантски лосос (м)	átlantski lósos
cavala, sarda (f)	скуша (ж)	skúša
solha (f), linguado (m)	лист (м)	list

lúcio perca (m)	смуђ (м)	smuđ
bacalhau (m)	бакалар (м)	bakálar
atum (m)	туна (ж), туњ (м)	tuna, tunj
truta (f)	пастрмка (ж)	pástrmka

enguia (f)	јегуља (ж)	jégulja
raia (f) elétrica	ража (ж)	ráža
moreia (f)	мурина (ж)	múrina
piranha (f)	пирана (ж)	pirána

tubarão (m)	ајкула (ж)	ájkula
golfinho (m)	делфин (м)	délfin
baleia (f)	кит (м)	kit

caranguejo (m)	краба (ж)	krába
água-viva (f)	медуза (ж)	medúza
polvo (m)	хоботница (ж)	hóbotnica

estrela-do-mar (f)	морска звезда (ж)	mórska zvézda
ouriço-do-mar (m)	морски јеж (м)	mórski jež
cavalo-marinho (m)	морски коњић (м)	mórski kónjić

ostra (f)	острига (ж)	óstriga
camarão (m)	шкамп (м)	škamp
lagosta (f)	хлап (м)	hlap
lagosta (f)	јастог (м)	jástog

140. Anfíbios. Répteis

cobra (f)	змија (ж)	zmíja
venenoso (adj)	отрован	ótrovan

víbora (f)	шарка (ж)	šárka
naja (f)	кобра (ж)	kóbra
píton (m)	питон (м)	píton
jiboia (f)	удав (м)	údav
cobra-de-água (f)	белоушка (ж)	beloúška

cascavel (f)	звечарка (ж)	zvéčarka
anaconda (f)	анаконда (ж)	anakónda

lagarto (m)	гуштер (м)	gúšter
iguana (f)	игуана (ж)	iguána
varano (m)	варан (м)	váran
salamandra (f)	даждевњак (м)	daždévnjak
camaleão (m)	камелеон (м)	kameléon
escorpião (m)	шкорпија (ж)	škórpija

tartaruga (f)	корњача (ж)	kórnjača
rã (f)	жаба (ж)	žába
sapo (m)	крастача (ж)	krástača
crocodilo (m)	крокодил (м)	krokódil

141. Insetos

inseto (m)	инсект (м)	ínsekt
borboleta (f)	лептир (м)	léptir
formiga (f)	мрав (м)	mrav
mosca (f)	мува (ж)	múva
mosquito (m)	комарац (м)	komárac
escaravelho (m)	буба (ж)	búba

vespa (f)	оса (ж)	ósa
abelha (f)	пчела (ж)	pčéla
mamangaba (f)	бумбар (м)	búmbar
moscardo (m)	обад (м)	óbad

aranha (f)	паук (м)	páuk
teia (f) de aranha	паучина (ж)	páučina

libélula (f)	вилин коњиц (м)	vílin kónjic
gafanhoto (m)	скакавац (м)	skákavac
traça (f)	мољац (м)	móljac

barata (f)	бубашваба (ж)	bubašvába
carrapato (m)	крпељ (м)	kŕpelj
pulga (f)	бува (ж)	búva
borrachudo (m)	мушица (ж)	múšica

gafanhoto (m)	миграторни скакавац (м)	mígratorni skákavac
caracol (m)	пуж (м)	puž
grilo (m)	цврчак (м)	cvŕčak
pirilampo, vaga-lume (m)	свитац (м)	svítac
joaninha (f)	бубамара (ж)	bubamára
besouro (m)	гундељ (м)	gúndelj

sanguessuga (f)	пијавица (ж)	píjavica
lagarta (f)	гусеница (ж)	gúsenica
minhoca (f)	црв (м)	cŕv
larva (f)	ларва (ж)	lárva

Flora

árvore (f)	дрво (c)	dŕvo
decídua (adj)	листопадно	lístopadno
conífera (adj)	четинарско	četinarsko
perene (adj)	зимзелено	zímzeleno
macieira (f)	јабука (ж)	jábuka
pereira (f)	крушка (ж)	krúška
cerejeira (f)	трешња (ж)	tréšnja
ginjeira (f)	вишња (ж)	víšnja
ameixeira (f)	шљива (ж)	šljíva
bétula (f)	бреза (ж)	bréza
carvalho (m)	храст (м)	hrast
tília (f)	липа (ж)	lípa
choupo-tremedor (m)	јасика (ж)	jásika
bordo (m)	јавор (м)	jávor
espruce (m)	јела (ж)	jéla
pinheiro (m)	бор (м)	bor
alerce, lariço (m)	ариш (м)	áriš
abeto (m)	јела (ж)	jéla
cedro (m)	кедар (м)	kédar
choupo, álamo (m)	топола (ж)	topóla
tramazeira (f)	јаребика (ж)	járebika
salgueiro (m)	врба (ж)	vŕba
amieiro (m)	јова (ж)	jóva
faia (f)	буква (ж)	búkva
ulmeiro, olmo (m)	брест (м)	brest
freixo (m)	јасен (м)	jásen
castanheiro (m)	кестен (м)	késten
magnólia (f)	магнолија (ж)	magnólija
palmeira (f)	палма (ж)	pálma
cipreste (m)	чемпрес (м)	čémpres
mangue (m)	мангрово дрво (c)	mángrovo dŕvo
embondeiro, baobá (m)	баобаб (м)	báobab
eucalipto (m)	еукалиптус (м)	eukalíptus
sequoia (f)	секвоја (ж)	sekvója

arbusto (m)	грм, жбун (м)	gŕm, žbun
arbusto (m), moita (f)	жбун (м)	žbun

videira (f)	винова лоза (ж)	vínova lóza
vinhedo (m)	виноград (м)	vínograd
framboeseira (f)	малина (ж)	málina
groselheira-negra (f)	црна рибизла (ж)	cŕna ríbizla
groselheira-vermelha (f)	црвена рибизла (ж)	crvéna ríbizla
groselheira (f) espinhosa	огрозд (м)	ógrozd
acácia (f)	багрем (м)	bágrem
bérberis (f)	жутика, шимширика (ж)	žútika, šimšírika
jasmim (m)	јасмин (м)	jásmin
junípero (m)	клека (ж)	kléka
roseira (f)	ружин грм (м)	rúžin gŕm
roseira (f) brava	шипак (м)	šípak

144. Frutos. Bagas

fruta (f)	воћка (ж)	vóćka
frutas (f pl)	воће, плодови (мн)	vóće, plódovi
maçã (f)	јабука (ж)	jábuka
pera (f)	крушка (ж)	krúška
ameixa (f)	шљива (ж)	šljíva
morango (m)	јагода (ж)	jágoda
ginja (f)	вишња (ж)	víšnja
cereja (f)	трешња (ж)	tréšnja
uva (f)	грожђе (с)	gróžđe
framboesa (f)	малина (ж)	málina
groselha (f) negra	црна рибизла (ж)	cŕna ríbizla
groselha (f) vermelha	црвена рибизла (ж)	crvéna ríbizla
groselha (f) espinhosa	огрозд (м)	ógrozd
oxicoco (m)	брусница (ж)	brúsnica
laranja (f)	наранџа (ж)	nárandža
tangerina (f)	мандарина (ж)	mandarína
abacaxi (m)	ананас (м)	ánanas
banana (f)	банана (ж)	banána
tâmara (f)	урма (ж)	úrma
limão (m)	лимун (м)	límun
damasco (m)	кајсија (ж)	kájsija
pêssego (m)	бресква (ж)	bréskva
quiuí (m)	киви (м)	kívi
toranja (f)	грејпфрут (м)	gréjpfrut
baga (f)	бобица (ж)	bóbica
bagas (f pl)	бобице (мн)	bóbice
arando (m) vermelho	брусница (ж)	brúsnica
morango-silvestre (m)	шумска јагода (ж)	šúmska jágoda
mirtilo (m)	боровница (ж)	boróvnica

145. Flores. Plantas

flor (f)	цвет (м)	cvet
buquê (m) de flores	букет (м)	búket
rosa (f)	ружа (ж)	rúža
tulipa (f)	тулипан (м)	tulípan
cravo (m)	каранфил (м)	karánfil
gladíolo (m)	гладиола (ж)	gladióla
centáurea (f)	различак (м)	razlíčak
campainha (f)	звонце (c)	zvónce
dente-de-leão (m)	маслачак (м)	masláčak
camomila (f)	камилица (ж)	kamílica
aloé (m)	алоја (ж)	áloja
cacto (m)	кактус (м)	káktus
fícus (m)	фикус (м)	fíkus
lírio (m)	љиљан (м)	ljíljan
gerânio (m)	гер300ниум, здравац (м)	geránium, zdrávac
jacinto (m)	зумбул (м)	zúmbul
mimosa (f)	мимоза (ж)	mimóza
narciso (m)	нарцис (м)	nárcis
capuchinha (f)	драгољуб (м)	drágoljub
orquídea (f)	орхидеја (ж)	orhidéja
peônia (f)	божур (м)	bóžur
violeta (f)	љубичица (ж)	ljubičíca
amor-perfeito (m)	дан и ноћ	dan i noć
não-me-esqueças (m)	споменак (м)	spoménak
margarida (f)	красуљак (м)	krasúljak
papoula (f)	мак (м)	mak
cânhamo (m)	конопља (ж)	kónoplja
hortelã, menta (f)	нана, метвица (ж)	nána, métvica
lírio-do-vale (m)	ђурђевак (м)	đurđévak
campânula-branca (f)	висибаба (ж)	vísibaba
urtiga (f)	коприва (ж)	kópriva
azedinha (f)	кисељак (м)	kiséljak
nenúfar (m)	локвањ (м)	lókvanj
samambaia (f)	папрат (ж)	páprat
líquen (m)	лишај (м)	líšaj
estufa (f)	стакленик (м)	stáklenik
gramado (m)	травњак (м)	trávnjak
canteiro (m) de flores	цветна леја (ж)	cvétna léja
planta (f)	биљка (ж)	bíljka
grama (f)	трава (ж)	tráva
folha (f) de grama	травчица (ж)	trávčica

folha (f)	лист (м)	list
pétala (f)	латица (ж)	lática
talo (m)	стабљика (ж)	stábljika
tubérculo (m)	гомољ (м)	gómolj

| broto, rebento (m) | изданак (м) | ízdanak |
| espinho (m) | трн (м) | trn |

florescer (vi)	цветати (нг)	cvétati
murchar (vi)	венути (нг)	vénuti
cheiro (m)	мирис (м)	míris
cortar (flores)	одсећи (пг)	ódseći
colher (uma flor)	убрати (пг)	ubráti

146. Cereais, grãos

grão (m)	зрно (с)	zŕno
cereais (plantas)	житарице (мн)	žitárice
espiga (f)	клас (м)	klas

trigo (m)	пшеница (ж)	pšénica
centeio (m)	раж (ж)	raž
aveia (f)	овас (м)	óvas
painço (m)	просо (с)	próso
cevada (f)	јечам (м)	jéčam

milho (m)	кукуруз (м)	kukúruz
arroz (m)	пиринач (м)	pírinač
trigo-sarraceno (m)	хељда (ж)	héljda

ervilha (f)	грашак (м)	grášak
feijão (m) roxo	пасуљ (м)	pásulj
soja (f)	соја (ж)	sója
lentilha (f)	сочиво (с)	sóčivo
feijão (m)	махунарке (мн)	mahúnarke

PAÍSES. NACIONALIDADES

147. Europa Ocidental

Europa (f)	Европа (ж)	Evrópa
União (f) Europeia	Европска унија (ж)	Evropska únija
Áustria (f)	Аустрија (ж)	Áustrija
Grã-Bretanha (f)	Велика Британија (ж)	Vélika Brítanija
Inglaterra (f)	Енглеска (ж)	Engleska
Bélgica (f)	Белгија (ж)	Bélgija
Alemanha (f)	Немачка (ж)	Némačka
Países Baixos (m pl)	Низоземска (ж)	Nízozemska
Holanda (f)	Холандија (ж)	Holándija
Grécia (f)	Грчка (ж)	Grčka
Dinamarca (f)	Данска (ж)	Dánska
Irlanda (f)	Ирска (ж)	Irska
Islândia (f)	Исланд (м)	Island
Espanha (f)	Шпанија (ж)	Španija
Itália (f)	Италија (ж)	Itálija
Chipre (m)	Кипар (м)	Kípar
Malta (f)	Малта (ж)	Málta
Noruega (f)	Норвешка (ж)	Nórveška
Portugal (m)	Португалија (ж)	Portugálija
Finlândia (f)	Финска (ж)	Fínska
França (f)	Француска (ж)	Fráncuska
Suécia (f)	Шведска (ж)	Švédska
Suíça (f)	Швајцарска (ж)	Švájcarska
Escócia (f)	Шкотска (ж)	Škótska
Vaticano (m)	Ватикан (м)	Vátikan
Liechtenstein (m)	Лихтенштајн (м)	Líhtenštajn
Luxemburgo (m)	Луксембург (м)	Lúksemburg
Mônaco (m)	Монако (м)	Mónako

148. Europa Central e de Leste

Albânia (f)	Албанија (ж)	Albánija
Bulgária (f)	Бугарска (ж)	Búgarska
Hungria (f)	Мађарска (ж)	Máđarska
Letônia (f)	Летонија (ж)	Létonija
Lituânia (f)	Литванија (ж)	Litvánija
Polônia (f)	Пољска (ж)	Póljska

Romênia (f)	Румунија (ж)	Rúmunija
Sérvia (f)	Србија (ж)	Sŕbija
Eslováquia (f)	Словачка (ж)	Slóvačka

Croácia (f)	Хрватска (ж)	Hrvátska
República (f) Checa	Чешка република (ж)	Čéška repúblika
Estônia (f)	Естонија (ж)	Estonija

Bósnia e Herzegovina (f)	Босна и Херцеговина (ж)	Bósna i Hércegovina
Macedônia (f)	Македонија (ж)	Mákedonija
Eslovênia (f)	Словенија (ж)	Slóvenija
Montenegro (m)	Црна Гора (ж)	Cŕna Góra

149. Países da ex-URSS

| Azerbaijão (m) | Азербејџан (м) | Azerbéjdžan |
| Armênia (f) | Јерменија (ж) | Jérmenija |

Belarus	Белорусија (ж)	Belorúsija
Geórgia (f)	Грузија (ж)	Grúzija
Cazaquistão (m)	Казахстан (м)	Kázahstan
Quirguistão (m)	Киргистан (м)	Kírgistan
Moldávia (f)	Молдавија (ж)	Moldávija

| Rússia (f) | Русија (ж) | Rúsija |
| Ucrânia (f) | Украјина (ж) | Úkrajina |

Tajiquistão (m)	Таџикистан (м)	Tadžikístan
Turquemenistão (m)	Туркменистан (м)	Turkménistan
Uzbequistão (f)	Узбекистан (м)	Uzbekistan

150. Asia

Ásia (f)	Азија (ж)	Ázija
Vietnã (m)	Вијетнам (м)	Víjetnam
Índia (f)	Индија (ж)	Índija
Israel (m)	Израел (м)	Izrael

China (f)	Кина (ж)	Kína
Líbano (m)	Либан (м)	Líban
Mongólia (f)	Монголија (ж)	Móngolija

| Malásia (f) | Малезија (ж) | Malézija |
| Paquistão (m) | Пакистан (м) | Pákistan |

Arábia (f) Saudita	Саудијска Арабија (ж)	Sáudijska Árabija
Tailândia (f)	Тајланд (м)	Tájland
Taiwan (m)	Тајван (м)	Tájvan
Turquia (f)	Турска (ж)	Túrska
Japão (m)	Јапан (м)	Jápan
Afeganistão (m)	Авганистан (м)	Avganístan
Bangladesh (m)	Бангладеш (м)	Bángladeš

Indonésia (f)	Индонезија (ж)	Indonezija
Jordânia (f)	Јордан (м)	Jórdan
Iraque (m)	Ирак (м)	Irak
Irã (m)	Иран (м)	Iran
Camboja (f)	Камбоџа (ж)	Kambódža
Kuwait (m)	Кувајт (м)	Kúvajt
Laos (m)	Лаос (м)	Láos
Birmânia (f)	Мјанмар (м)	Mjánmar
Nepal (m)	Непал (м)	Népal
Emirados Árabes Unidos	Уједињени Арапски Емирати	Ujedínjeni Árapski Emiráti
Síria (f)	Сирија (ж)	Sírija
Palestina (f)	Палестина (ж)	Palestína
Coreia (f) do Sul	Јужна Кореја (ж)	Júžna Koréja
Coreia (f) do Norte	Северна Кореја (ж)	Séverna Koréja

151. América do Norte

Estados Unidos da América	Сједињене Америчке Државе	Sjédinjene Américke Dŕžave
Canadá (m)	Канада (ж)	Kanada
México (m)	Мексико (м)	Méksiko

152. América Central do Sul

Argentina (f)	Аргентина (ж)	Argentína
Brasil (m)	Бразил (м)	Brázil
Colômbia (f)	Колумбија (ж)	Kolúmbija
Cuba (f)	Куба (ж)	Kúba
Chile (m)	Чиле (м)	Číle
Bolívia (f)	Боливија (ж)	Bolívija
Venezuela (f)	Венецуела (ж)	Venecuéla
Paraguai (m)	Парагвај (м)	Páragvaj
Peru (m)	Перу (м)	Péru
Suriname (m)	Суринам (м)	Surínam
Uruguai (m)	Уругвај (м)	Urugvaj
Equador (m)	Еквадор (м)	Ekvador
Bahamas (f pl)	Бахами (мн)	Bahámi
Haiti (m)	Хаити (м)	Haiti
República Dominicana	Доминиканска република (ж)	Dominikanska repúblika
Panamá (m)	Панама (ж)	Pánama
Jamaica (f)	Јамајка (ж)	Jamájka

153. Africa

Egito (m)	Египат (м)	Egipat
Marrocos	Мароко (м)	Maróko
Tunísia (f)	Тунис (м)	Túnis

Gana (f)	Гана (ж)	Gána
Zanzibar (m)	Занзибар (м)	Zanzibar
Quênia (f)	Кенија (ж)	Kénija
Líbia (f)	Либија (ж)	Líbija
Madagascar (m)	Мадагаскар (м)	Madagáskar

Namíbia (f)	Намибија (ж)	Námibija
Senegal (m)	Сенегал (м)	Sénegal
Tanzânia (f)	Танзанија (ж)	Tánzanija
África (f) do Sul	Јужноафричка република (ж)	Južnoáfrička repúblika

154. Austrália. Oceania

| Austrália (f) | Аустралија (ж) | Austrálija |
| Nova Zelândia (f) | Нови Зеланд (м) | Nóvi Zéland |

| Tasmânia (f) | Тасманија (ж) | Tásmanija |
| Polinésia (f) Francesa | Француска Полинезија (ж) | Fráncuska Polinézija |

155. Cidades

Amesterdã, Amsterdã	Амстердам (м)	Ámsterdam
Ancara	Анкара (ж)	Ánkara
Atenas	Атина (ж)	Atína
Bagdade	Багдад (м)	Bágdad
Bancoque	Бангкок (м)	Bángkok

Barcelona	Барселона (ж)	Barselóna
Beirute	Бејрут (м)	Béjrut
Berlim	Берлин (м)	Bérlin
Bonn	Бон (м)	Bon
Bordéus	Бордо (м)	Bordó

Bratislava	Братислава (ж)	Brátislava
Bruxelas	Брисел (м)	Brísel
Bucareste	Букурешт (м)	Búkurešt
Budapeste	Будимпешта (ж)	Búdimpešta
Cairo	Каиро (м)	Káiro

Calcutá	Калкута (ж)	Kalkúta
Chicago	Чикаго (м)	Čikágo
Cidade do México	Мексико (м)	Méksiko
Copenhague	Копенхаген (м)	Kopenhágen
Dar es Salaam	Дар ес Салам (м)	Dar es Salám

Deli	Делхи (м)	Délhi
Dubai	Дубаи (м)	Dubái
Dublim	Даблин (м)	Dáblin
Düsseldorf	Диселдорф (м)	Díseldorf
Estocolmo	Стокхолм (м)	Stókholm
Florença	Фиренца (ж)	Firénca
Frankfurt	Франкфурт (м)	Fránkfurt
Genebra	Женева (ж)	Ženéva
Haia	Хаг (м)	Hag
Hamburgo	Хамбург (м)	Hámburg
Hanói	Ханој (м)	Hánoj
Havana	Хавана (ж)	Havána
Helsinque	Хелсинки (м)	Hélsinki
Hiroshima	Хирошима (ж)	Hirošíma
Hong Kong	Хонгконг (м)	Hóngkong
Istambul	Истанбул (м)	Istanbul
Jerusalém	Јерусалим (м)	Jerusálim
Kiev, Quieve	Кијев (м)	Kíjev
Kuala Lumpur	Куала Лумпур (м)	Kuála Lúmpur
Lion	Лион (м)	Líon
Lisboa	Лисабон (м)	Lísabon
Londres	Лондон (м)	Lóndon
Los Angeles	Лос Анђелес (м)	Los Anđeles
Madrid	Мадрид (м)	Mádrid
Marselha	Марсеј (м)	Marséj
Miami	Мајами (м)	Majámi
Montreal	Монтреал (м)	Móntreal
Moscou	Москва (ж)	Móskva
Mumbai	Бомбај (м)	Bómbaj
Munique	Минхен (м)	Mínhen
Nairóbi	Најроби (м)	Najróbi
Nápoles	Напуљ (м)	Nápulj
Nice	Ница (ж)	Níca
Nova York	Њујорк (м)	Njújork
Oslo	Осло (с)	Oslo
Ottawa	Отава (ж)	Otava
Paris	Париз (м)	Páriz
Pequim	Пекинг (м)	Péking
Praga	Праг (м)	Prag
Rio de Janeiro	Рио де Жанеиро (м)	Río de Žanéiro
Roma	Рим (м)	Rim
São Petersburgo	Санкт Петербург (м)	Sankt Péterburg
Seul	Сеул (м)	Séul
Singapura	Сингапур (м)	Síngapur
Sydney	Сиднеј (м)	Sídnej
Taipé	Тајпеј (м)	Tájpej
Tóquio	Токио (м)	Tókio
Toronto	Торонто (м)	Torónto

Varsóvia	**Варшава** (ж)	Váršava
Veneza	**Венеција** (ж)	Vénecija
Viena	**Беч** (м)	Beč
Washington	**Вашингтон** (м)	Vášington
Xangai	**Шангај** (м)	Šángaj

www.ingramcontent.com/pod-product-compliance
Lightning Source LLC
LaVergne TN
LVHW051740080426
835511LV00018B/3168